AF389577

7524.
B. S.

Cat. de Lyon N.° 13595.

OEUVRES SPIRITUELLES,

Contenant diverses

POESIES CHRETIENNES,

Composées dans les horreurs de la
Bastille de Paris.

PAR

Mr. DE RENNEVILLE,

Auteur de l'Histoire de la Bastille.

A LA HAYE,

Chez JAQUES VAILLANT.

M. DCC. XXV.

[illegible]

[illegible]

[illegible]

[illegible]

[illegible]

[illegible]

A
SON ALTESSE SERENISSIME
MADAME
CATERINE-AMELIE, LANDGRAVE
DE
HESSE-CASSEL
PHILIPSTAL.

MADAME,

Souffrez que-je présente à VO-
TRE ALTESSE SERENISSIME

les

EPITRE.

les premiers Ouvrages de Piété qui sont sortis de ma Plume, & que l'Esprit Consolateur m'a dictez dans un lieu funeste & terrible, pour soulager la pesanteur des fers dont j'étois accablé, & glorifier son Saint Nom. A qui devois-je consacrer ces prémices de mon amour envers Dieu, & ces témoignages de ma sincére Pénitence, qu'à une PRINCESSE qui parmi tant de belles qualitez qui la rendent si respectable aux yeux de ceux qui ont l'honneur de l'aprocher, fait briller une Piété solide, & une commisération généreuse pour ceux qui gémissent sous le poids d'un destin rigoureux? Ce seroit ici, MADAME, une occasion favorable de faire briller mon zèle dans un Eloge qui Vous est dû avec tant de Justice, mais que Votre modestie me défend de mettre au jour, & qui est tout à fait au dessus de mes forces. Je n'aurois pas besoin d'emprunter d'autres couleurs que celles de Vos Vertus, pour faire voir un Portrait

ad-

admirable, ſi Votre retenuë me per-
mettoit de le dévoiler ; & je me fla-
te, MADAME, que V. A. S. me
tiendra compte d'un ſilence, que mon
cœur reproche à ma diſcrétion. Comment accorder mon devoir avec Vos
Ordres ? Et faut-il me taire quand
une PRINCESSE auſſi accom-
plie que Vous me fournit une ſi ample matiére de parler ? Sans Vous,
MADAME, ſans Vos deffenſes,
que n'aurois-je pas à dire de Votre
mérite ſi ſupérieur à Votre Rang ?
Puiſque c'eſt faire violence à V. A.
S., que de lui donner les louanges
qu'Elle mérite ſi bien, compâtiſſez,
MADAME, à celle que je me
fais, en étouffant les véritables ſen-
timens de vénération, & de reſpect
que j'ai pour Vos Vertus. Je me
contenterai de les méditer dans le
plus profond de mon cœur : heureux!
ſi, après les avoir admirées, je pouvois les imiter. Pour me dédomma-
ger de ce ſilence forcé, il me ſemble,
MADAME, ſans perdre le reſ-

* 3

pect

EPITRE.

pect que je Vous dois , que V. A. S. est en quelque façon obligée de me pardonner la témérité que j'ai de lui offrir un Ouvrage si imparfait , & si peu digne de sa pénétration. C'est une Paraphrase des Pseaumes de la Pénitence , & le fruit de celle que j'ai pratiquée pendant plus d'onze ans à la Bastille , lieu capable d'effrayer les Muses ; mais tout à fait propre à rapeller un homme de ses égaremens ; & quoi qu'elle ne fut que trop forcée , j'ai tâché de la rendre agréable à Dieu par la soûmission avec laquelle j'ai accepté ce rude châtiment , que j'ai changé en un sacrifice volontaire. J'ai fait une vertu d'une nécessité ; car quoi que les aflictions ne soient pas de notre choix , nous pouvons nous en faire un mérite devant la Souveraine Majesté , par une résignation parfaite à sa volonté , & en bûvant , sans murmurer , un calice si amer & si rebutant. C'est dans une affreuse Prison , où je n'avois pour toute consolation

EPITRE.

solation que la douceur d'épancher mon ame devant Dieu, & d'élever des mains pures vers le Ciel, que j'ai composé ces Sonnets. Loin de me répandre au dehors en regrets superflus, & en plaintes frivoles, j'ai rentré dans le secret de mon cœur; j'ai apellé Dieu à mon secours, dans ce lieu secret, où personne ne voit ni celui qui gémit, ni celui qui console. Que n'est-il donné aux Princes, qui sont les vives images de la Divinité d'en pénétrer le fond! Vous verriez dans le mien, MADAME, tant de zèle & de vénération pour Votre Illustre Personne que Vous excuseriez ma téméraire entreprise, en faveur de la parfaite reconnoissance, & du respect sincére avec lequel je suis & je serai jusqu'au dernier soûpir de ma vie,

MADAME,

DE VOTRE ALTESSE SERENISSIME,

Le très-humble & plus obéïssant Serviteur,
CONSTANTIN DE RENNEVILLE.

 PRE-

PREFACE.

Nséveli dans le tombeau des vivans, destitué de tout secours humain, privé de mes plus Proches, ignoré de tous mes Amis, sans consolation que celle qui me venoit de Dieu, à qui seul il m'étoit permis d'exposer mon innocence; en proye aux plus barbares Tyrans qui soient sous le Ciel, sans livres, sans papier, encre, ni plumes; enfermé dans un lieu affreux où le Soleil n'entroit que très rarement crainte de s'y sallir, & où je ne voyois le jour qu'à peine; enfin dans la Bastille, & c'est tout dire, où l'on m'a fait souffrir des tourmens inconnus aux plus cruels Persécuteurs de la Primitive Eglise, j'ai entrepris cette Paraphrase des Pseaumes de David en Sonnets, pour glorifier Dieu, & limer la dureté de mes fers. Depuis mes Etudes, je n'avois pas eu le tems ni l'affection de cultiver les Lettres, & j'avois pensé à tout autre chose qu'à la Poësie: quand Dieu par sa miséricorde infinie me fit rentrer en moi-même, pour en aprofondir le néant: il m'accorda la grace, loin de m'abandonner à la douleur, de bénir la divine Providence, dont la sagesse & les decrets sont impénétrables. Il attendrit mon cœur dans les horreurs de la Prison qui ne s'étoit pû laisser toucher au milieu des plaisirs du Monde: je pleurai les égaremens de ma jeunesse; & il m'inspira le dessein d'écrire dans un lieu, où quantité d'autres malheureux se livrent au desespoir.

Après avoir été quatre Mois enfermé seul, j'eus le bonheur d'être mis avec un jeune Saxon de la Ville de Leipsich, homme de merité, nommé M. Linck, qui se trouvoit dans le même malheur que moi. Il eut la liberté d'avoir des Livres, & toutes les choses nécessaires à l'Etude, dont il me pourvût abondamment.

PREFACE.

ment. Ma chaîne le toucha autant que la sienne m'é-
toit sensible: il avoit de la Piété, & de l'Etude: nous
liâmes une amitié très étroite. Je lui apris à parler
François en moins de six mois : il avoit une com-
préhension vive ; un jugement solide ; une mémoire
heureuse ; & une facilité à s'exprimer très aisée &
très nette ; avec une Physionomie très prévenante.
Nous nous excitames mutuellement à composer, lui
dans les Langues qui lui étoient familiéres, & moi
dans ma Langue naturelle. Je fis plusieurs Ouvrages
de Piété ; entr'autres: LES DEVOIRS DU FIDE-
LE CHRETIEN DANS TOUS LES ETATS DE
LA VIE : là, depuis le Monarque jusqu'au Berger,
chacun pouvoit aprendre à quoi sa condition l'enga-
geoit ; & j'autorisois toutes mes Maximes, par des
passages de l'Ecriture Sainte. Je fis encore des
MEDITATIONS POUR TOUS LES JOURS
DE L'ANNEE : toutes mes Réfléxions étoient
tirées de la même source, avec les Citations des Passages, & une Oraison propre au sujet à la fin de chaque journée. L'ECUEIL DES JEUX DE HA-
ZARD: où je faisois voir leurs effets pernicieux, leurs
funestes conséquences; j'avois semé dans cet Ouvrage tout les Vers que j'avois pû ramasser ou composer contre le Jeu ; avec des Histoires funestes & sen-
sibles , pour en donner de l'horreur à la Jeunesse ,
qu'on ne peut trop prévenir contre cette dangereuse
passion. Un POEME DE L'AMOUR ET DE
L'AMITIE' environ de six mille Vers, que je regar-
dois comme le moins mauvais de mes Ouvrages. Un
TRAITE', DE LA TARENTOLE, &c. Le goût
que j'avois eu pour la Poësie dans ma jeunesse se re-
veilla , je fis quelques Ouvrages, que des Connoisseurs
avec qui j'avois des communications secrettes , trou-
vérent assez bons pour m'animer à poursuivre. Je
perdis mon Concaptif, qui obtint la liberté de retourner en Saxe ; il me donna en partant ses Livres & ses
Papiers.

* 5

Je

PREFACE.

Je continuai à travailler, mais particuliérement en
Vers ; & je communiquai mes Ouvrages à des Prifonniers fort capables d'en juger, avec lefquels je trou-
vai le moïen d'avoir des entretiens fecrets ; Cette négociation adouciffoit beaucoup la dureté de
ma chaîne ; quand un mauvais Prêtre, un efprit mal-
fait & brutal, qui dans la fuite eft devenu fou, &
qui déja avoit de terribles atteintes de démence, que
l'on m'avoit donné pour Compagnon, quelque peu
de tems avant le depart de mon Allemand, troubla
tout nôtre commerce, qu'il déclara à un de nos Sur-
veillans, homme auffi méchant qu'il étoit avare & vin-
dicatif. Notre Curé Apoftat (car il s'étoit fait de trois
Religions differentes en une même année) ne fe con-
tenta pas de dire la verité ; il s'efforça de rendre la chofe criminelle par des circonftances très fauffes, que fa
malice lui avoit fait inventer. Ce Surveillant fubal-
terne qui traitoit indignement tous ceux que leur
malheur lui avoit affujettis, animé pas les difcours
artificieux de cet Impofteur, s'en vangea cruellement,
prefque fur tous ceux qui étoient enfermez dans la
même Tour où j'étois. Trois Prifonniers qui étoient
dans la calotte de cette Tour (l'on appelle ainfi les
plus hauts & derniers étages des Tours, qui effective-
ment aboutiffent en forme de callottes) furent mis
dans un Cachot obfcur, où ils ont eu le tems pendant
plus de fept Mois, de regretter le plaifir, qu'une con-
verfation très innocente nous avoit donné. Le P.
Florent de Brandenbourg Capucin qui étoit au def-
fus de nous, en fut quitte pour perdre fa chambre,
où il avoit une très belle vûë, & fes Compagnons
eurent le même fort. M. le Comte de Brederode
que l'on m'avoit donné pour troifiéme Compagnon,
depuis le départ de M. Linck, fut mis dans un autre
lieu avec des Prifonniers peu fociables ; il en mourut
de chagrin, comme on pourra le voir plus au long
dans l'Hiftoire que j'en donnerai au Public ; j'en eus
un

PREFACE.

un senfible déplaifir, car nous étions très étroitement
unis : c'étoit un fort galant Homme, foûtenant par
faitement bien l'honneur de fa Naiffance, & qui n'a-
voit rien d'étranger que le nom : fes avantures font
fi finguliéres, particuliérement celles dont j'ai été le
temoin, qu'elles approchent plus de la fiction que de
la vérité; & je fuis perfuadé que ce ne fera pas le
morceau le moins réjouïffant de mon Hiftoire. Ce
fut fur moi que tombérent les coups les plus affom-
mans de nôtre Argus. Après m'avoir dépouillé nud
en chemife, pris tous mes Livres & mes Papiers, &
m'avoir trainé dans les Cachots, & les lieux les plus
infames de la Baftille il eut l'inhumanité de m'enfermer dans une chambre obfcure & fans vûë, où l'on
étoit cruellement offufqué par la puanteur infuporta-
ble des lieux communs, avec trois Fous furieux, avec
qui j'ai fouffert pendant huit mois des maux inex-
primables, & où j'aurois crevé fans une affiftance
particuliere du Ciel, qui envoya M. du Joncas Lieu-
tenant de Roi faire la vifite des Tours, contre fon
ordinaire, car il n'y venoit que fort rarement. Il
lut cette Epigramme que j'avois écrite fur la porte
de nôtre Antre.

Peut-on pouffer plus loin la fureur & la rage !
Neft-ce pas furpaffer les plus crüels Tyrans,
Qui déterroient les morts, pour les joindre aux vivans,
Que d'enfermer ici trois fous avec un Sage?

Il m'interrogea : ma douceur, & ma conftance le
touchérent, & le forcérent à me tirer de ce lieu pour
refpirer quelque tems, ce fut le lendemain de la Bataille d'Oxtet ; jour tres remarquable 14. Août. 1704.
que j'en fortis.

J'eu le bonheur d'être encore mis au deffous du P.
Florent de Brandebourg Capucin, d'un nommé Mr.
de la Baftide Capitaine dans le Regiment du Roi,

homme

PREFACE.

homme de Lettres & d'un merite diftingué ; & de M.
Janicon de Momdevis, tous Enfans des Mufes qui
ayant apris le rap qu'on m'avoit fait de mes Livres,
m'en donnérent d'autres & des plumes, & m'exhortérent à reprendre le travail : nous liames encore un
commerce très agréable : nous nous écrivions quelques fois jufqu'à quatre ou cinq fois par jour ; fouvent nos Lettres étoient entrelaffées de trois à quatre
cens Vers, auxquels nous nous répondions fur le
champ en bouts-rimez, avec une vivacité prodigieu-
fe ; mais cet agréable & innocent commerce fut encore découvert ; il eut le même fort que le premier,
& redoubla la fureur de mon Adverfaire.

Les plaintes que je fis de fes véxations outrées, ne
fervirent qu'à faire redoubler les cruautez de ce Perfé-
cuteur ; qu'il agrava avec plus de férocité au commencement de l'année 1705. après m'avoir retiré à
demi mort d'un Cachot affreux où il m'avoit laiffé
au pain & à l'eau pendant un très long tems, il me
replongea dans le même trou, où j'avois déja été
pendant huit Mois, mais avec d'autres fous encore
plus infuportables ; où il m'a fallu fouffrir pendant
cinq ans & demi des tourmens qui font au delà de
toute expreffion.

C'eft là qu'affifté pour la troifiéme fois de mes mêmes Amis, que je viens de nommer, que je retrouvai encore dans la même Tour, & qui eurent encore le courage d'avoir communication avec moi, loin de m'abandonner à la douleur & au defefpoir, comme une infinité de malheureux, dont les uns fe coupent la gor-
ge, les autres s'étranglent, ou fe caffent la tête contre les murs, & la plûpart deviennent fous, dont je
voyois un trifte & épouvantable éxemple devant mes
yeux, je me jettai, avec une réfignation parfaite, entre
les bras de la divine Mifericorde. Car j'ai éprouvé
que la préfomption, & l'abattement font deux vices
oppofez à la confiance en DIEU, qui perdent égale-
ment

PREFACE.

ment l'homme par des effets bien differens. La préfomption nous donne une confiance en nos propres forces, qui nous empêche de recourrir à DIEU, & nous rend affez téméraires, pour croire que nous pouvons nous paffer de fa Protection ; & l'abattement eft un voile obfcur tiffu par le chagrin, qui nous cache les fecours que nous recevons de la Bonté divine, lors même qu'elle femble nous abandonner. Nous attribuons les heureux événemens à nos propres forces ; & nous regardons comme un abandonnement les difgraces qui nous viennent de la part de DIEU ; qui cependant ne nous font envoïées que pour nous faire rentrer en nous, & retourner à lui. Pour éviter donc ces malheurs je m'abandonnai aveuglément à fa conduite, & aïant fait des plumes avec des os, & de l'encre avec du noir de fumée, je compofai un Poëme fur les fouffrances de JESUS CHRIST de plus de trois mille vers, que j'écrivis dans les interlignes de mon Livre de Priéres, pour m'attirer fes graces & adoucir mes douleurs, qui étoient exceffives ; quoi qu'elles fuffent foulagées par les Amis avec qui j'avois communication.

Un jour je leur envoyai le Pfaume 140. Delivrez moi, Seigneur, de l'homme méchant ; de ce cruel dont vous connoiffez l'injuftice. Paraphrafé en Vers François, & fur chaque Verfet du quel j'avois fait un Sonnet, la fureur du Gouverneur m'en aïant dépouillé, je ne puis le rendre public, ils m'exhortérent d'en Paraphrafer encore quelqu'autre de la même maniére ; ce que je fis, & je leur envoyai. Le Pfeaume 142. dont j'ai dérobé une copie à la pernicieufe vigilance de nôtre maudit Géolier : la voici.

PSEAU-

PREFACE.

PSEAUME CXLII. Verſ. 1.

Voce mea ad Dominum clamavi; voce mea ad
Dominum deprecatus ſum.

VERSION.

*J'ai élevé ma voix pour reclamer le Seigneur;
& mes tendres élans ont porté devant lui
ma Priére.*

SONNET.

DE l'infame Cachot où m'a plongé l'Envie
J'ai pouſſé juſqu'à Dieu mes élans douloureux;
J'y joins, pour le fléchir, des ſoûpirs amoureux:
Sa bonté par nos cris eſt toûjours attendrie.

Son œil voit en pitié les horreurs de ma vie;
Son amour me ſoûtient dans ce réduit affreux;
Sa lumiére m'éclaire & me prête ſes feux,
Seule elle eſt mon Soleil, malgré la tyrannie.

L'Oraiſon de mon cœur a ſecondé ma voix;
Elle a touché mon Dieu, quand réduit aux abois
Je paroiſſois toucher à mon heûre derniere.

Les excès de mes maux redoubloient ma ferveur;
Mon corps étoit glacé, mon ſein brûloit d'ardeur,
Et ſon feu fomentoit mon ardente Priére.

VERSET. 2.

Effundo in conſpectu ejus orationem meam, & tri-
bulationem meam ante ipſum pronuntio.

VER.

PREFACE.

VERSION.

Mon cœur s'épanche devant lui dans une ardente Priére, & je découvre à ses yeux le fond de mes amertumes.

SONNET.

CEtte Oraison touchante est un suave encens
Qui monte devant Dieu pour appaiser ce Pére,
Calmer son cœur outré, desarmer sa colére,
Et qui peint à ses yeux les douleurs que je sens.

Son oreille sensible écoute ses Enfans ;
Son bras les vangera du cruel Sanguinaire,
Qui sur eux assouvit son orgueil témeraire
En les faisant gémir dans d'injustes tourmens.

J'expose à son amour les horreurs de ma chaîne ;
Cruel effet d'un Tigre animé par la haine,
Altéré de carnage, & qui rit de mes pleurs.

Le Seigneur voit mes fleaux ; il sait mon innocence ;
La rigueur de mes fers provoque sa vangeance,
Et l'invite à fixer l'excès de mes malheurs.

VERSET. 3.

In deficiendo spiritum meum, & tu cognovisti semitas meas.

VERSION.

Mon dernier soûpir est prêt à s'envoler de mon cœur, dont vous connoissez tous les secrets jusques aux plus cachez.

SON-

PREFACE.

SONNET.

Quand j'étois consumé par une fiévre ardente,
Que réduit aux abois, faute d'un verre d'eau,
Je m'entendois railler par un cruel Bourreau,
Qui faisoit son plaisir de ma soif violente.

Quand par un jeûne affreux ma force étoit trem-
blante ;
Que j'étois descendu tout vivant au tombeau ;
Que la mort étoit prête à tirer mon rideau,
Dieu tenoit dans sa main mon ame languissante.

Il comptoit tous mes jours, reculoit mon trépas ?
Il lisoit dans mon cœur, conduisoit tous mes pas ;
Il soûtenoit ma vie, il recueilloit mes larmes.

Je le croyois bien loin, il étoit près de moi ;
Réveillant ma langueur, il enflamoit ma Foi ;
Son aîle me couvroit au milieu des allarmes.

VERSET 4.

In via hac, qua ambulabam, absconderunt
laqueum mihi.

VERSION.

Mes Ennemis m'ont tendu un piége dans le che-
min où je marchois.

SONNET.

Quand mes yeux éblouïs de l'éclat d'un grand Roi
Admiroient la splendeur de sa Cour glorieuse,
La pompe de sa Suite ample & majestueuse,
Je me croyois heureux à l'abri de sa Foi.

Sans

PREFACE

Sans regarder les laqs qu'on tendoit devant moi,
Je repaissois de vent ma faim ambitieuse :
Je voguois sans soucy sur la Mer orageuse,
Où l'on est englouti sans réfléchir sur soi.

Mes jours me paroissoient filez d'or & de soye ;
Sacrifiant mon cœur à l'orgueil, à la joye,
Je tombois dans l'abîme, en planant dans les airs.

La Fortune aveugloit mon ame fiére & vaine ;
L'ingrate sous ses fleurs me cachoit une chaîne :
Où je cherchois de l'or, je rencontrai des fers.

Verset 5.

Considerabam ad dexteram, & videbam ; & non
erat qui cognosceret me.

Version.

*J'ai regardé à ma droite, & j'ai jetté les yeux
de tous côtez pour trouver du secours, &
personne n'a témoigné qu'il voulût me connoître.*

Sonnet.

JE me vis arrêté ; ma Liberté perduë,
On cachoit mes Amis à mes sombres regards ;
En vain mes tristes yeux erroient de toutes parts,
Tout, on refusoit tout à mon ame éperduë.

Je demeure accablé sous ce coup qui me tuë
Après avoir bravé les plus rudes hazards,
Me voir enséveli sous d'horribles remparts !
Quelle ame à ce revers ne seroit pas émuë ?

* *

En

PREFACE.

En vain j'implore & presse ; on ne m'écoute plus ;
J'ai pour toute réponse un indigne refus :
L'on se croiroit coupable en disant me connoître.

Qu'ai-je fait ? qu'ai-je dit, pour être confondu ?
Tout est sourd ; mon seul crime est d'être indeffendu :
Pour soutenir mon droit nul n'oseroit paroître.

Verset 6.

Periit fuga à me ; & non est qui requirat animam meam.

Version.

*Je ne pouvois fuir, & je ne voyois personne
qui se mît en devoir de me secourir.*

Sonnet.

Qui peut briser mes fers ? plus d'espoir de sortir :
J'aurois tenté, sans doute, ou ma mort, ou ma
    fuite,
Lorsque l'on m'accabla ; mais sûr de ma conduite :
Qu'ai je à craindre, ai je dit, & pourquoi me trahir ?

Je suis sans crime ; & rien ne sauroit démentir
Des jours dont l'équité fit toûjours le merite :
Grand Dieu ! c'est mon péché qui t'outrage & t'irrite ;
Et tu veux que ma chaîne excite un repentir.

Tu souffres qu'on m'opprime & que tout m'aban-
    donne ;
Tu veux qu'un noir Cachot m'humilie & m'étonne,
Pour éclairer mon cœur & l'élever à toi.

L'on

PREFACE.

L'on ne fait où je fuis; mes Amis, ni ma Fem-
me,
N'ofent me reclamer: Toi qui connois mon ame,
Porte-la dans ton fein; ô Seigneur, fauve-moi !

VERSET 7.

Clamavi ad te, Domine; dixi: Tu es fpes mea,
portio mea in terrà viventium.

VERSION.

*J'ai crié vers vous, Seigneur, & je vous ai
dit: Vous êtes mon unique efperance, vous
eftes mon partage en la terre des vivans.*

SONNET.

DAns l'horreur de la nuit d'une Prifon barbare
J'éléve à toi ma voix, & je te dis, Seigneur:
Toi qui tiens dans ta main les fecrets de mon cœur,
Tu vois l'injufte aigreur des maux qu'on me prépare.

Frêle inftabilité de mon deftin bifare !
Au hazard de mes jours je briguois la faveur:
Je perds ma liberté, tous mes biens, mon honneur ;
Ta chaîne me radreffe, alors que je m'égare.

Si je fuis dépouillé, fi l'on me ravit tout ;
Toi qui fais tout remplir d'un bout à l'autre tout,
Remplis auffi mes vœux, fois feul ma récompenfe.

Je renonce aux grandeurs, à tous les vains projets ;
Je t'ouvre, ô Dieu, mon cœur, comble-lé de ta paix ;
Fais finir mon éxil ; couronne l'innocence.

** 2

VER-

PREFACE.

Verset 8.

Intende ad deprecationem meam, quia humiliatus sum nimis.

Version.

Soyez attentif à ma priére, & considerez que je suis excessivement humilié.

SONNET.

QUe ma priére ardente excite ta pitié;
  A mes soûpirs, mes pleurs, montre-toi favorable;
Regarde un malheureux que l'injustice accable,
Privé depuis onze ans de sa chére Moitié.

Laisse agir les ressorts de ta ferme amitié;
Attendri-toi, Seigneur, sur mon sort déplorable:
Ta main aux opprimez fut toûjours secourable;
Tu fais grace au Pécheur, quand tu l'as châtié.

Vois l'horreur de ce lieu, la rigueur de ma chaîne,
L'aigreur de mes Tyrans, les excès de ma peine;
Ces cruels m'ont livré dans les bras de la mort.

Je suis humilié quarante pieds sous Terre;
Le froid, la faim, la soif, me déclarent la guerre,
Et je vais succomber sans ton divin effort.

Verset 9.

Libera me à persequentibus me; confortati sunt super me.

Ver.

PREFACE.

VERSION.

Delivre-moi de mes cruels Perſécuteurs, toi ſeul peux réprimer la fureur dont ils m'e-priment avec une injuſtice ſans bornes.

SONNET.

Couché ſur le pavé j'implore ta Clémence ;
Viens donc me dégager de ces Loups inhumains ;
Confond leur dureté, renverſe leurs deſſeins ;
Des bras de la Fureur arrache l'Innocence.

De mes fiers Ennemis verras-tu l'arrogance,
Sans rendre leurs efforts infructueux & vains ?
Je n'ai que trop gémi ſous leurs ſanglantes mains :
Il eſt tems, ou jamais, de prendre ma deffenſe.

Vois l'hideuſe Avarice allumer leur orgueil ;
Regarde-les fleurir ſur mon triſte cercueil,
Souffres-tu que mes maux éterniſent leur joïe ?

Leur dure avidité s'engraiſſe de mes pléurs ;
Leur table eſt magnifique ; ils ſont comblez d'hon-
neurs,
Quand mon corps affamé de leur rage eſt la proïe.

VERSET 10.

Educ de cuſtodia animam meam , ad confitendum nomini tuo : me expectant juſti , donec retribuas mihi.

VERSION.

Arrachez-moi de la Priſon pour loüer vôtre

** 3

ſaint

PREFACE.

*saint Nom au milieu de mes Fréres: Les
Justes attendent que je me joigne à eux, &
que je participe à leurs Sacremens, & aux
graces que vous leur faites.*

SONNET.

Ouvre cette Prison; force, brise mes fers;
Délivre-moi, mon Dieu, de ce triste esclavage;
Converti mes Tyrans animez au carnage;
Viens vanger l'Innocence aux yeux de l'Univers.

Lors mon cœur épuré par cet affreux revers,
Blanchi dans ce creuset qui m'a rendu plus sage,
A ton suprême Nom rendra sans cesse hommage;
Deux Lustres m'auront vû t'invoquer aux Enfers.

Tes Enfans assemblez dans ta fidèle Eglise;
Mes Amis, mon Epouse, & mon Ame soûmise
Reclament ta bonté: fais-nous la ressentir.

Mais soit que ton amour soit envers moi propice,
Ou que dans les Cachots j'appaise ta Justice,
Je te veux adorer jusqu'au dernier soûpir.

Il trouverent ce Pseaume si fort de leur goût, & si
conforme à mes miséres, qu'ils m'exhorterent de Pa-
raphraser en de pareils Sonnets les Pseaumes de la
Pénitence, à quoi j'obeïs incessammeut. Ensuite je
composai de la même maniére quantité d'autres Pseaumes choisis, quelques-uns desquels j'ai faits doubles
comme le Pseaume 139. *Domine probasti me,* &c.;
c'est à dire deux Sonnets sur chaque Verset; je Para-
phrasai après tous les Cantiques de l'Ancien & du
Nouveau Testament, & je fis une très grande quantité d'Hymnes & de Cantiques, tant sur les Epîtres
des Apôtres, que sur divers Passages de la Sainte
Ecriture.
                                                          La

PREFACE.

La maniére dont je compofois eſt ſi finguliére ;
qu'elle mérite bien que j'en faſſe la defcription. Après
avoir fait mes Priéres le matin, & confacré mon Ouvrage à Dieu, je me bouchois les oreilles avec du co-
ton, pour ne pas entendre les extravagances de mes
malheureux Compagnons de miféres ; je me retirois
au coin de nôtre réduit le moins obfcur ; les rayons
du Soleil n'y entroient jamais depuis le 21. de Sep-
tembre, jufqu'au 21. de Mars, & fort peu fur le midi dans les autres tems, en tremblant au travers de
trois grilles de fer, qui rendoient nôtre antre plus obfcur, & fans vûë, autre que celle du foffé du Châ-
teau. Je m'envelopois dans ma couverture en ce coin,
que j'avois choifi le moins incommode à mes funeſ-
ftes Compagnons ; & là fur de méchant papier gris,
que j'avois trouvé le fecret d'échanger contre mon vin,
je minutois mes Sonnets avec une fi grande facilité,
que j'en ai fait jufques à quatorze pour un matin :
j'envoyois après mes effais, à mes Amis, qui dé-
chiffroient comme ils pouvoient ce brouillon, m'en
difoient leur fentiment, & me le renvoyoient pour
le remettre au net ; ce que je faifois l'après midi
dans les interlignes de mon Nouveau Teſtament,
ce n'eſt cependant qu'un in feize, de la Verfion d'A-
melote, imprimé à Paris par François Muguet l'an
1683. ceux qui voudront fe donner la peine de le
confulter, jugeront de celle que j'avois d'écrire en
de fi petites interlignes, avec de fi mauvais inftru-
mens. Les lignes de mon Livre de Prieres font encore plus ferrées, & d'un plus petit caractere ; ce
qui m'a beaucoup affoibli la vûë, que j'avois au-
paravant cela parfaitement bonne. C'étoit là toute
ma Bybliotéque, avec quelques feuilles du Breviaire
du P. de Brandebourg, qu'il avoit la bonté d'en détacher, quand j'avois befoin du texte des Cantiques
ou des Pfeaumes. Il ne pouvoit m'envoyer de fes
Livres, qu'il avoit en quantité, crainte de découvrir

* * 4

nôtre

PREFACE.

nôtre Commerce, qui tout innocent qu'il étoit, auroit paſſé pour un grand crime , & eut été puni
comme tel. De plus, quand j'écrivois, j'avois encore à me prendre garde de nôtre Porteclefs, jeune
garçon nommé la France, que l'on diſoit être le
Fils Naturel du Neveu du Gouverneur, nôtre cruel
Perſécuteur, & qui avoit été ſon Laquais: c'étoit pour
nous un Argus Tigre, qui enchériſſoit ſur la barba-
rie de ſon Maître, ſi, cependant, l'Enfer étoit capable de lui ſuggérer quelque poiſon plus pernicieux
que celui dont il avoit cangrené le cœur de Guillau-
me Formanoir, dit Corbé, ſon prétendu Pére, que
l'on diſoit être Fils d'un Jardinier de Montfort l'A-
maury en Beauſſe, que le Sr. de St. Mars ſon Oncle, depuis ſon élévation, avoit fait parvenir à la
dignité de Soûlieutenant dans une Compagnie de celles qu'on appelle Salade; poſte qu'il avoit conſtam-
ment conſervé peudant dix-ſept à dix-huit ans, &
dont peut-être il auroit été caſſé, malgré ſa perſé-
vérance, ſi ſon Oncle, le plus brutal & le plus fé-
roce de tous les hommes, n'en avoit délivré ſa Compagnie, pour en faire nôtre fleau. Comme on pourroit taxer ma plume de légéreté , ſi je n'avois pas
qnelque preuve autentique pour prouver la brutalité
& la Férocité de l'Oncle; je veux en raporter un E-
xemple, que je tiens de ſon fidèle Neveu, qu'il ra-
contoit comme un acte fameux de l'Héroïſme de
ſon Oncle, à ſes malheureuſes victimes, pour leur laiſſer quelques impreſſions du ſavoir faire de nôtre
Géolier, & qui peut ſervir de verny à tous les Por-
traits que tous les Priſonniers pouront faire de ſes
cruautez. Il étoit Garde du Corps, lors qu'on arrê-
ta feu Mr. Fouquet ; & l'on jetta les yeux ſur lui
pour garder à vûë ce deplorable Miniſtre dans ſa
Priſon , parce qu'on crut ne pas pouvoir trouver
d'homme plus dur & plus inéxorable pour être ren-
fermé avec lui , dans le tems qu'il fut transféré &
étroi-

étroitement enfermé dans la Citadelle de Pignerol. Il s'en aquita si-bien, c'est à dire avec tant d'inhumanité, qu'on lui donna encore en sa garde Mr. le Comte de Lauzun après sa disgrace. Ce Comte infortuné, s'étant voulu échaper des mains cruelles de son Tyran inhumain, se fit aporter des cordes, des limes & les autres instrumens dont il avoit besoin pour son évasion, par son Valet de Chambre ; ils furent surpris en éxécutant leur entreprise. Mr. le Comte de l'Auzun fut descendu dans un affreux Cachot, au fond de la Citadelle : l'on fit le procès à son malheureux Valet de Chambre, qui fut pendu. Le Sr. de St. Mars voulut ajoûter aux disgraces du Comte, celle d'attacher le Cadavre de son Valet aux creneaux de son Cachot, afin qu'il eut continuellement devant les yeux cet horrible spectacle dans un lieu, où ce Comte couché sur la paille, reduit au pain & à l'eau, n'avoit pour toute consolation, que les idées de sa Grandeur passée. Sans livres, sans occupation, n'étant visité que de son barbare Surveillant lorsqu'il lui aportoit du pain : le Comte ne sachant à quoi s'amuser, avoit appris à une petite Aragnée de son Cachot, à descendre dans sa main, pour y prendre du pain qu'il lui tendoit. Un jour St. Mars entra dans le moment que le Comte étoit dans cette amusante occupation avec son Aragnée ; il lui fit le détail de ce beau divertissement, & ce brutal voïant que le Comte y prenoit un espece de plaisir, lui écrasa l'Aragnée dans la main, en lui disant que les Criminels comme lui étoient indignes du moindre divertissement. Mr le Duc de l'Auzun a protesté au Sr. de St. Mars, depuis son élargissement, que de tous les maux qu'il lui avoit fait endurer, celui là lui avoit paru le plus insuportable, sans en excepter son Vallet pendu aux soûpiraux de son Cachot. S'il a éxercé de pareilles duretez envers un Favori du Roi, comme son Neveu l'a raconté, non seulement à moi,

** 5

mais

PREFACE.

mais à quantité d'autres Prisonniers dignes de foi, dont quelques uns même sont encore actuellement à la Haye, je laisse à penser ce qu'il a peu faire sur des malheureux sans apui. En garde donc contre nôtre impitoïable Porte-clefs, je n'écrivois qu'en tremblant, car quand il pouvoit attraper mes écrits, mes plumes, mon encre, &c. il en régaloit nôtre croassant Corbeau, que nos soûpirs, nos larmes & nos priéres avoient rendu inéxorable, loin de pouvoir l'attendrir. Oui je puis dire, sans éxagération, que la France m'a fait plus de mal, qu'on ne pretend que tous les Diables en aïent fait à Saint Antoine dans les deserts : il a eu la dureté, me voyant dans un Cachot sans paille, accablé d'une fiévre continuë n'aïant pas pris une goute d'eau, ou la moindre nourriture depuis cinq jours entiers ; enfin, dans le moment que j'esperois mourir, de me refuser un bouillon, que dis-je ? d'aprocher la cruche du coin du Cachot où j'étois étendu, & où ma foiblesse m'empêchoit d'atteindre, pour humecter ma bouche, en refermant barbarement la porte du Cachot, tirant la langue sur moi, & en me faisant les cornes avec les doigts : c'étoit en ce funeste état que j'alois mourir, sans l'officieuse avarice du Gouverneur qui m'en retira, pour me faire languir encore plus long tems à son profit. Quand ce méchant homme pouvoit me ravir quelque chose, il le portoit à son Maître qui le louoit de sa vigilance, & me punissoit de mon prétendu attentat. Cependant, malgré toutes ces dificultez, qui paroîtroient insurmontables à tout autre qu'à un Prisonnier, j'ai continué un Ouvrage si pénible ; je men suis fait un mérite devant Dieu ; & je lui ai consacré le feu de mon esprit, dans un antre où la cruauté & la faveur sembloient s'acharner sur moi, pour en éteindre jusqu'à la moindre étincelle.

Enfin, l'inéxorable Bernaville aïant succédé au feu Sr. de St. Mars, pour nous le faire regretter, si

c'étoit

PREFACE.

c'étoit ue chofe poffible , chaffa Corbé de la Baftille, qui, changeant fon nom en celui de Palletot , s'eft
retiré dans un coin de la Bourgongne dans le Village
de Palletot près de Villeneuve le Roi, pour y vivre
des Brigandages de fon Oncle & des fiens compilez du
fang & des larmes de leurs malheureufes Victimes. Il
fembloit que ce Tygre aïant évacué la Baftille, nous
devions avoir quelque relâche, & refpirer un autre
air: mais hélas! la dureté de nôtre fort nous fit entrer d'une fiévre tierce dans une continuë, accom-
pagnée de violens redoublemens, & nous fit éprouver
qu'il étoit encore de plus méchans hommes que
Corbé; & que L'Hypocrifie de Bernaville l'empor-
toit fur le débordement de nôtre ancien Perfecuteur.
Bernaville , qui fous le manteau de la Vertu , cache
le plus méchant cœur qui fut jamais ; avec des dehors
févéres, des yeux de Bafilic enfoncez fous d'épaiffes
fourcilles; un front tout ridé, & fur qui les ennuis
avoient brodé le trône du chagrin; un nez pointu,
autant que fon menton, une grande bouche, dont
les levres étoient fort minces, qui ne s'ouvroit jamais, que pour rendre laconiquement des arrêts terribles; des dents de pleure de Coin longues comme
des manches à Couteaux de Service ; les jouës pliffées,
comme des bourfes à jettons: le vifage maigre à faire
peur, & couvert d'un cuir bafané de couleur de papier
marbré, propre à couvrir des Oraifous Funébres ; enfin ,
tel que l'on peint l'Envie & l'Avarice, ou plûtôt étant
lui feul, l'Avarice, l'Envie, & l'abregé de toutes les
Furies en corps & en ame: je me trompe pour l'ame ;
car il n'en avoit pas : miferable que j'avois vû paré
jadis des livrées de feu M. le Maréchal de Bellefont,
& qui aïant paffé par tous les degrez, par où ces
gents là montent fur la rouë de la Fortune , y étoit
parvenu par un million de crimes, qu'il met à l'abri
de trois Meffes qu'il entend par jour ; communiant
fouvent ; & en fe faifant le Singe & non l'Imitateur
des Vertus de fon Maître: & qui féduifant le Roi,

fes

PREFACE.

es Miniftres, fa Maîtreffe Madame la Maréchale de
Bellefond, & toute la Cour, éxerce impunément les
crimes les plus abominables, prefqu'aux yeux de ce
même Roi, qui en eft la duppe, & les Prifonniers
les funeftes Victimes. C'eft fous ce cruel Tyran,
l'horreur & l'éxécration du genre humain, que j'ai
fouffert, depuis le Mois d'Octobre 1706. qu'il entra dans la Baftille, jufques au 4. de Juillet 1713.
que je fuis forti de fes ferres, un matyre inconcevable, & tel que je m'efforcerai cependant de le
peindre quelque jour aux yeux du Public; Dieu s'étant
fervi de cet horrible fleau, pour me châtier des égaremens de ma jeuneffe & me faire rentrer en moi-
même. C'eft fous la tyrannie de ce Barbare, qu'oubliant mes propres douleurs, j'ai facrifié à Dieu
des hofties de louanges; & que je lui ai confacré des
Cantiques, qui paroîtront après ces Pfeaumes, dans
des antres où l'on n'avoit jamais entendu chanter que
les Crapaux & les Hiboux.

Enfin, après une longue fuite de fouffrances que
je fuportai fans le moindre murmure; l'efpérance
& l'aparence de la Paix forcérent Bernaville à me faire monter avec le P. Florent de Brandebourg Capucin, & M. Janifon de Montdevis dans la Troifieme
Chambre de la Tour du Coin où j'avois été au
commencement de ma Prifon avec M. Linck de Leipfik;
cette chambre a une grande fenêtre qui donne fur la Porte St. Antoine, & dont la vûë s'étend au de-là de
Mont-Louïs Maifon de Plaifance où fe delaffe d'ordinaire le Confeffeur du Roi de fes grandes fatigues.

M. de Montdevis, le premier jour de nôtre So-
ciété, me donna des Livres pour tranfcrire au net & cor-
riger mes Ouvrages, dans des interlignes moins gê-
nantes que celles de mon Teftament; il a de l'étu-
de, & du goût pour la Poëfie, affez pour que j'é-
coutaffe avec plaifir fes judicieufes remarques fur mes
Ouvrages: ajoûtez que j'eus le bonheur d'avoir communication avec un nommé M. Monicar qui avoit

été

PREFACE.

été Commiſſaire des Guerres à Mets, fort galant Homme, & qui travailloit à un Ouvrage d'une longue haleine; mais tout charmant: il animoit en Vers libres & d'une maniére fort ingénieuſe toutes les Statuës, toutes les Figures, & généralement tous les Objets de Verſailles: il y avoit encore dans nôtre Tour un appellé M. Oſmont qui ſe mêloit de travailler pour le Théatre, ce qui le faiſoit ſurnommer la Tour du Parnaſſe, où nous paſſions une grande partie des nuits dans des converſations aſſez divertiſſantes, que nous avions grand ſoin de cacher à nos Argus, qui n'auroient pas manqué de nous en punir comme d'un grand attentat contre la Tyrannie.

C'a été ce même M. Oſmont qui m'a fait entreprendre cette ſeconde Paraphraſe des Pſeaumes de la Penitence en Sonnets; m'ayant donné des régles ſur la conſtruction du Sonnet que je ne ſavois pas: ainſi mes Amis qui m'ont connu dans le Monde ſeront fort étonnez de me voir érigé en Poëte, & en Poëte Chrétien.

Ils apprendront par-là que Dieu touche nos cœurs quand il lui plaît par des reſſorts impénétrables, & fait faire d'un Libertin volage, un ſincére Pénitent. * Il n'a pas Traité toutes les Nations avec la même bonté. Combien de fois m'a-t-il fallu combatre contre moi-même, pour renverſer l'homme de péché, & ouvrir mon cœur à la grace! que de révoltes de la part de ce cœur rebelle! que de ſoûlévemens! toûjours en garde contre moi-même! toûjours dans la Priére & la mortification, pour rallumer quelqu'étincelle d'un feu que j'avois étouffé pendant un ſi long-tems! Il ne me falloit pas moins d'onze années d'une auſſi affreuſe pénitence que celle que j'ai pratiquée, pour revenir de mes égaremens, & Fléchir la Miſéricorde divine. † Ce n'eſt que par pluſieurs

aflictions

* Pſeaum. 148; v. 9.　　† Act. C. 12. v. 21.

PREFACE.

afflictions que nous pouvons entrer au Royaume de
DIEU. Ce qui distingue l'Imitateur véritable de
JESUS CHRIT, de celui qui fait tout son plaisir des
délices du siécle, c'est la ferme & constante patience dans les persécutions: c'est la pierre de touche de
la Religion qui fait discerner le vrai du faux. Au
contraire, le murmure dans les adversitez, l'impatience dans la douleur, la rebellion contre les crois ca-
ractérisent l'Esprit desobéïssant, & peu pénétré des
hautes véritez de cette même Religion. * Il faut
veiller & prier pour ne point entrer en tentation :
L'esprit est prompt & la chair est Foible. Le Saints
des Saints a jeûné, prié, pleuré, & pratiqué tous les
exercices de la Pénitence la plus austere, que doivent
donc faire des criminels ?

    † Bien-heureux sont ceux qui souffrent persécution
pour la justice: car le Royaume du Ciel est à eux.
Vous serez bien-heureux, lorsqu'à mon sujet on vous
aura fait des affronts, on vous aura persécutez, on
aura dit faussement toute sorte de mal contre vous.
Vous devez vous en réjouïr, & en être ravis de joïe,
parce qu'une grande récompense vous attend dans
le Ciel, dit ce divin Maître. L'Arbitre Souverain
du Ciel & de la Terre, élevé au dessus de toutes les
Puissances du Monde, s'est volontairement abaissé
aux humiliations les plus profondes, & soumis aux
Creatures les plus indignes : il étoit la source, & le
centre des délices, & il s'est plongé dans des souf-
francés terribles, pour nous apprendre à souffrir, &
nous faire aimer nos souffrances.

    Il étoit le Principe de la gloire, & il a été fait
l'opprobe des hommes, qui l'ont couvert d'ignomi-
nie. § Il s'est humilié lui même en obéïssant jusqu'à la mort, & à la mort de la croix. Dans le
Christianisme les plus forts & les plus courageux
sont

---

* S. Matth. C. 26 : v. 41. † S. Matth. Ch. 5 : v. 10.
11. & 12. § Ep. aux Philip. ch. 2. v. 3.

PREFACE.

font ceux qui fouffrent avec plus de réfignation.
a Par la patience & la vraïe humilité nous devenons plus forts que tous nos Ennemis.

Remontons à la fource des fiécles les plus reculez,
& nous verrons que les plus grands Amis de DIEU
ont été les plus crucifiez. Adam a été le premier
des Pécheurs ; mais il a été auffi le premier des Pé-
nitens affligez. *b Spinas & tribulos germinabit , &
comedes berbam terræ.*

c Abel offrit à Dieu une plus excellente victime
que Caïn : il fut déclaré jufte, Dieu rendant témoi-
gnage qu'il acceptoit fes préfens ; cependant, il fouf-
frit les perfecutions de Caïn, & fuccomba fous les
fanglantes mains de ce Fratricide que Dieu maudit.
d Qu'as-tu fait, malheureux ? lui dit-il. La voix
du fang de ton Frére crie de la Terre, & eft montée
jufques devant Moi dans le Ciel. Voici donc qu'à
l'avenir tu feras maudit fur la Terre, qui a été im-
bibée de fon fang que ta main criminelle a fait couler fur elle.

e Maintenant mon ame fe tourne contre moi pour
m'accabler fous fon propre poids, & les jours de
ma vie s'écoulent dans l'affliction, difoit Job, ce Hé-
raut de la Patience, & dont Dieu a voulu faire la
figure de fon Fils fouffrant : il s'eft vû réduit fur un
fumier. Ce Prince qui avoit paffé fa vie dans une
heureufe abondance ; chéri de Dieu, & refpecté des
hommes, par la permiffion divine, fe voit tout
d'un coup dépouilié de fes biens, accablé par la mort

de

a Imit. de J. C. li. I. Chap. 13.
b Gen. Ch. 31. v. 18.　*c* Ep. aux Hebr. ch. 11. v. 4.
d Quid fecifti ? vox fanguinis fratris tui clamat ad me
de terra. Nunc igitur maledictus eris fuper terram , quæ
aperuit os fuum, & fufcepit fanguinem, Fratris tui de manu tua. Gen. cap. 4. W. 10. & 11.
e Nunc in met ipfo marceffit anima mea, & poffiderunt
me dies afflictionis. Job. cap. 30. v. 16.

PREFACE.

de ſes Enfans, par les outrages de ſa propre Femme, la trahiſon de ſes Proches, l'abandon de ſes Amis, & par des maux capables de démontrer la patience la plus éprouvée : tout ſon corps n'étoit qu'un ulcére ; il ſembloit que toutes les plaïes de la Terre venoient fondre ſur lui : cependant, Dieu ne l'avoit mis à ces terribles épreuves, que pour mieux faire éclater la tendreſſe dont il aimoit ce fidèle Serviteur. *f* Heureux l'homme dit cet illuſtre Penitent, que Dieu corrige.

Ne vous plaignez donc pas des châtimens du Seigneur, parce qu'il nous guérit de la même main dont il nous bleſſe ; il nous fait des plaïes dont lui-même eſt le Médecin. Il faut être couronné des épines de nôtre Roi, ſi nous voulons être couronnez de ſa gloire. *g* C'eſt en vain que je me glorifie d'être Chrétien, & ſi ne ſuis, & ſi je n'imite pas Jesus Christ.

Joſeph, la figure miſtérieuſe de Jesus Chrit, aimé tendrement de Dieu dès ſon enfance, a été cependant un homme des plus affligez. *h* Le Seigneur châtie celui qu'il aime, & il ne fait rentrer aucun de ſes Enfans en grace, ſans lui avoir fait ſentir ſa verge. Sa vertu lui attira la perſécution de ſes propres Fréres, qui attentérent à ſa vie ; & après l'avoir déſcendu dans une Citerne pour l'y laiſſer perir, ils l'en retirérent, & le vendirent pour être Eſclave. Sa chaſteté, qui ſervira d'éxemple d'une vertu conſumée juſqu'à la fin des Siécles, le fit tomber dans une affreuſe Priſon, où il gémit chargé de fers pendant pluſieurs

---

f Beatus homo qui corripitur a DEO : increpationem ergo Domini ne reprobes : quia ipſe vulnerat & medetur: percutit & manus ejus ſalvabunt. Job. cap. 5. W. 17. & 18.

g Sine tauſâ ſum Chtiſtianus, ſi CHRISTUM non ſequor. San. Bern.

h Quem enim diligit Dominus caſtigat ; flagellat autem omnem filium quem recipit, ad Heb. cap. 12.

PREFACE.

sieurs années, pour avoir été fidèle à DIEU, qui descendit avec lui dans la Prison, & y demeura tant qu'il y fut. *i* Celui que DIEU veut protéger, ne peut succomber sous la malice du méchant. Heureux qui à l'éxemple de ce fidéle Patriarche souffre avec patience les persécutions du monde! Tous voudroient bien monter avec JESUS CHRIST sur le Tabor, mais peu souhaitent de le suivre sur le Calvaire : cependant. *k* Comment vôtre parience sera-t-elle couronnée, si vous n'êtes attaqué d'aucune adversité? & comment pourrez-vous être Ami de JESUS CHRIST, si vous ne voulez rien souffrir de contraire à vos sens? Souffrez avec JESUS CHRIST, souffrez pour JESUS CHRIST, si vous voulez être couronné avec JESUS CHRIST.

On court après le Monde dont tout le faux-brillant n'est que du vent; & dont tous les plaisirs irritent nôtre faim, sans la rassasier. C'est un composé de trompeurs & de trompez. Il nous trompe ce Monde si vain par ses amusemens, nous corrompt par ses déréglemens, & nous tirannise par ses jugemens. Ce n'est autre chose qu'un assemblage de vanitez, d'afflictions, & d'inconstances.

l Vanité des vanitez, & toute chose est vanité dans ce monde. Celui-là méprise facilement toutes choses qui pense toûjours à son dernier jour, dit St. Jérôme. Qu'importe où nous soyons ici bas, pourvû que nous soyons toûjours avec JESUS CHRIST?

*** C'est

---

i De Imit. Chri. li. II. cap. 2. Quem DEUS adjuvare voluerit, nullius perversitas ei nocere poterit.

k Unde coronabitur parientia tua, si nihil adversitatis occurrerit? si nihil contrarium vis pati, quomodo eris amicus CRISTI? Sustine cum CHRISTO, & pro CRISTO si vis regnare cum CHRISTO. de Im. Ch. lib. II. cap. 1.

l Vanitas vanitatum, & omnia vanitas, Ecc. cap. 1. v. 2.

PREFACE.

_m_ C'eſt pourquoi humilions-nous ſous la main du
DIEU Tout-Puiſſant , afin qu'il nous élève dans le
jour redoutable où il viendra juger tout le Monde.

Moïſe, ce St. Légiſlateur , l'Ami de DIEU, qui
a eu le bonheur de lui parler familiérement , de recevoir les Loix Divines de ſa main , & ſur le front
de qui l'Eternel imprima les rayons de ſa Gloire , a
été cependant & perſécuté , & affligé pendant tout
le cours de ſa vie. A peine eſt-il né qu'on l'expoſe
à la fureur des Crocodilles du Nil. Lors qu'il eut le
jugement formé, il quite la Cour de Pharaon, _n_ ai-
mant mieux être affligé avec le Peuple de DIEU,
que de joüir du plaiſir du péché qui paſſe ſi-tôt, &
ne jugeant pas les tréſors des Egyptiens compara-
bles aux richeſſes de l'opprobre de JESUS CHRIST;
parce qu'il en conſidéroit la récompenſe, dit le Grand
Apôtre. C'eſt par la foi qu'il quita l'Egypte, ſans
craindre la fureur du Roi, ſouffrant les adverſitez,
comme s'il eut vû celui qui eſt inviſible. Enfin,
toute ſa vie a été un tiſſu d'afflictions de la part de
DIEU, de la part du Peuple qu'il avoit retiré de la
Servitude d'Egypte, & de la part de ſes Ennemis:
& après avoir erré pendant quarante ans dans le de-
ſert , il y mourut ſans entrer dans la Terre qui lui
avoit été promiſe, qu'il ne vit que de loin. _o_ Non,
Seigneur, il n'arrive rien ici bas, que vous ne l'ayez
determiné là-haut.

David , qui de ſimple Berger, fut fait un grand
Roi par le choix de DIEU même, & ſacré par ſon
Prophéte Samuel d'une maniére miraculeuſe, cet
homme ſelon ſon cœur, qu'il a honoré du don de
Pro-

_m_ Humiliamini igitur ſub potenti manu Dei, ut vos ex-
tollat in die viſitationis. S. Petr. Ep. 1. cap. 5. v. 6.

_n_ ad Heb. cap. 11. w. 25. & ſequent.

_o_ Sine conſilio & providentia tua Domine, nihil fit in
terra. de Imit. Chr.

PREFACE.

Prophétie, ce Vaſe d'Election dans lequel il a fait pleuvoir abondamment toutes ſes graces, n'a-t-il pas, été un miroir de patience dans toutes ſes perſécutions? La Victoire qu'il remporta ſur Goliath & ſur les Philiſtins, lui attira la jalouſie & la haine de Saul qu'il avoit délivré d'un ſi redoutable Ennemi. Ses Calomniateurs le noircirent dans l'eſprit de ce Prince qui jura ſa perte, & le pourſuivit cruellement, cependant David le reſpecta toûjours comme l'Oinct de Dieu & ſon Souverain; & quoi que Saul fut tombé pluſieurs fois dans ſes mains, lors même qu'il le perſécutoit avec plus de fureur; il ne voulut jamais lui faire le moindre outrage; au contraire, il lui garda toûjours une fidèlité inviolable, & montra un courage admirable au plus fort de ſes perſécutions. Ses Sujets, ſes Amis, & ſon propre Fils Abſalon ne ſe ſont-ils pas rebellez contre lui, & ne l'ont-ils pas voulu détrôner? Mais ce Prince, toûjours plus grand que ſes malheurs, a fait voir par une patience à l'e-preuve de tous les revers, & par une réſignation par-faite aux ordres du Ciel, qu'une vertu ſoûtenuë de Dieu, étoit inébranlable à toutes les puiſſances de la Terre & de l'Enfer. *In DEO faciemus virtutem, & ipſe ad nihilum deducet tribulantes nos.*

O VIERGE! la plus pure & la plus Sainte de tou-tes les Femmes, vôtre innocence, & la qualité éminen-te de Mére de Dieu, ne vous ont pas miſe à couvert des afflictions : ſi vous avez été la plus aimée, la plus honorée & la plus élevée de toutes les Creatures; vous avez en même tems été la plus affligée, la plus ou-tragée & la plus crucifiée de toutes les Filles d'Adam.

Si l'Ange vous annonça que vous étiez pleine de grace, le Temple du Dieu vivant; Simeon vous ap-prend qu'un glaive de douleur vous percera le ſein. Si vous avez vû le Créateur du Ciel & de la Terre ſoûmis à vos ordres, vous l'avez vû auſſi expirer ſur une Croix dans les tourmens les plus aigus, dout tous

*** 2

les

PREFACE.

les contre coups retomboient fur nous ; & DIEU ne
vous a placée au Trône fublime de fa gloire, qu'a-
près vous y avoir préparée par les humiliations les
plus profondes.

Patientia levius fit malum. Il n'y a point de meilleur moïen contre les afflictions que la patience, &
la réfignation à la volonté de DIEU. L'idée de nôtre immortalité ne fauroit être trop préfente à nôtre
efprit pour nôtre confolation, dans le cercle éternel
des triftes objets qui nous environnent, & au milieu
de tant de difgraces, dont la févérité de DIEU nous
afflige , pour nous ramener à lui. La patience di-
minuë les maux , car elle augmente le courage :
l'impatience les redouble, car elle eft un effet de foi-
bleffe. Quelles triftes preuves n'en ai-je pas eu
dans ce lieu de douleurs! où j'ai vû ceux qui fe font
jettez dans les bras de la divine Miféricorde, foûtenir
avec une patience admirable les plus cruels tourmens;
& un nombre trop grand de mes malheureux Con-
captifs fuccomber fous le poids de leurs fers, agravez
par leurs impatiences , & périr fous les efforts d'u-
ne manie, qu'on ne fauroit affez déplorer.

p DIEU nous tiendra un fidèle compte de nôtre patience à fouffrir nos afflictions : fi nous lui remettons
courageufement la vangeance de nos injures; il fera
ce vangeur, qui en écrafant la tête de nos Ennemis
couronnera la nôtre ; fi nous lui facrifions nos richef-
fes, il nous récompenfera au centuple ; fi nous mou-
rons pour lui dans les tourmens, il nous reffufcitera
dans fa gloire. Dépofons nos fouffrances dans les
plaïes facrées de JESUS CHRIST & nous trouverons
ce miel délicieux , caché dans les trous de la pierre,
qui adoucira toutes nos amertumes. Sacrifions-lui
tous noš intérêts , & pour des biens périffables,
que

p Satis idoneus patentiæ noftræ fequefter eft DEUS;
fi injurias pœnes eum pofueris, ultor; fi divitias, remu-
nerator; fi mortem, refcuffitator. Tertul.

PREFACE.

que nous aurons la force de méprifer, il nous ouvrira les trefors de fes biens infinis. Enfin, fi c'eft fa volonté que nous mourrions au milieu des plus cruels tourmens, embrafons nous d'ardeur à la vûë de cette vie glorieufe, qui doit fuccéder pour une Eternité à des peines fi courtes. Qu'importe qu'on déchaîne fur nous tous les fleaux de la Terre, quand le Ciel combat pour nous ? Souffrons avec patience, &, ou nous flechirons la dureté de nos Adverfaires, ou nous trouverons au bout de nôtre carriére ce vafte Océan de plaifirs, où nous laverons toutes nos plaïes, dans des eaux delicieufes & éternelles. *q* Que nôtre patience pouffe à bout la fureur de nos Tyrans.

Souffrons donc avec conftance, & foyons fortement perfuadez, que c'eft par un ordre fecret de la Providence, qui veut nous mettre à cette dure épreuve, & nous faire marcher, non feulement fur les pas d'Adam, d'Abel, de Job, de Moïfe, de David, de la très Sainte Vierge, & de tant d'autres illuftres Affligez ; mais fur cenx de JESUS CHRIST même, qui ne laiffera entrer dans fon feftin délicieux, que ceux qui auront teint ou lavé leurs robes nuptiales dans fon Sang precieux.

Il eft enfermé neuf Mois dans le fein de fa Mére, & nous nous plaignons d'être réduits dans une Prifon moins étroite & moins incommode. Il pleure nos péchez, couché dans une étable fur de la paille, & nous avons peine à pleurer les nôtres couchez moins durement. Il vit pauvre & caché, obéïffant avec humilité à fes Creatures, & nous nous revoltons de nous voir privez des douceurs de la vie, sequeftrez du monde, & forcez d'obéïr à ceux que fa Juftice établit fur nous. Il eft traité d'impofteur par ceux qu'il venoit inftruire de fes Saintes Véritez, & nous nous emportons fouvent, quand on nous remontre que nous fommes des Pécheurs. Il eft trahi

*** 3

hi

<hr>

q Fatigetur aliena improbitas patentia tua.

PREFACE.

hi par un de ſes Apôtres ; & nous nous plaignons de l'abandonnement de nos Amis. Il ſouffre, ſans ſe plaindre, les faux témoignages des méchans gagnez par ſes Ennemis ; & nous oſons déchirer la réputation de ceux qui ſouvent nous diſent des véritez. Il ſuporte les railleries, les inſultes, & les mépris d'Hérode, & des Grands de ſa Cour ; & nous nous rebellons contre les Officiers que la Juſtice de DIEU établit ſur nous, par la médiation de ſes Souverains. Il endure les outrages d'une populace effrenée, & l'arrêt injuſte d'un Juge corrompu, & nous ne pouvons ſupporter la moindre injure. On le couronne d'épines, & nous nous voulons couronner de roſes. On le fouéte cruellement ; on ne fait qu'une plaïe de ſon corps ; on lui crache au viſage, on le raſſaſie d'opprobres, & la moindre douleur nous fait perdre patience ; un regard, un geſte, ou le moindre mépris que l'on fait de nous, nous démonte. ᵣ Quelle honte, d'être un membre délicat, ſous un Chef couronné d'épines! Enfin, il eſt traîné au Calvaire chargé de ſa Croix, on lui perce les mains & les pieds avec des clous ; on le pend entre deux Voleurs ; on l'abreuve de fiel & de vinaigre ; il expire au milieu des tourmens les plus cruels ; & la moindre fatigue ; une piquure d'épingle ; un Concaptif qui nous ſemble inſociable ; quelque liqueur qui ne ſera pas de nôtre goût, un repas mal apprêté ; & les incommoditez d'une Priſon, qui ſouvent nous eſt accordée par grace, ſont capables de nous pouſſer à bout, & de démonter nôtre eſprit.

Si nous ne bûvons le Calice de J. C. nous n'aurons point de part à ſa gloire, il veut que nous nous faſſions un marchepied de ſa Croix, pour monter à ſon Trône. Celui qui recule, eſt regardé comme un

de

ᵣ Pudeat ſub ſpinato Capite membrum fieri delicatum. Bernard.

PREFACE.

deſerteur, que les ſouffrances rebutent; & fuyant de légéres Croix, qui lui ouvriroient la porte des merveilles inéfables, il tombe dans les fers de ſes cruels Ennemis qui l'accablent ſans reſſource: mais la grace ne manque jamais à celui qui ſe met dans une heureuſe diſpoſition de la recevoir, par la patience dans les adverſitez, & une réſignation courageuſe aux decrets de Dieu. Que ce point de ſouffrances nous paroîtra petit, ſi nous avons le bonheur de le meſurer avec cette immenſité de délices qui nous environnera pour un jamais ! ſ Il n'y a point de proportion entre les maux de cette vie, & la gloire dans laquelle nous devons paroître.

La patience dans nos adverſitez, & la confiance dans les ſecours de la grace, ſont deux ſources pures & vives, qui répandent la tranquillité dans nos cœurs, au milieu des tempêtes les plus perilleuſes: ne croïons pas que la Nature corrompuë de l'homme puiſſe y puiſer ſans peine; elles coulent de Dieu ſeul, qui n'en permet l'aproche qu'aux veritables Penitens. Il faut ſoûpirer, gémir, pleurer, pour obtenir la grace de s'y deſaltérer des vanitez du Monde. C'eſt dans ces abondantes ſources, & celles des ſaintes Ecritures, que nous trouvons ce feu ſacré, capable de conſumer dans nos cœurs cette ivraïe, que l'ennemi y avoit ſemée à pleines mains, & dont le fruit enfermoit l'amertume de nos afflictions: il faut nourrir ce feu par de vives Réfléxions, qui purifient nos ames pour y recevoir la grace, & y faire germer ces fleurs précieuſes, qui produiront des fruits délicieux pour l'Eternité. C'eſt dans les plaïes embraſées de Jesus Christ que l'on trouve les torrens de ce feu ſi ſalutaire; car quel eſt le cœur qui ne s'en trouve pas vivement enflamé, après une

*** 4

pro-

ſ Non ſunt condignæ paſſiones hujuſce temporis ad futuram glopiam, quæ revelabitur nobis, S. Paul. ad Rom. cap. 8: v. 18.

PREFACE.

profonde méditation de ce qu'il a souffert pour nous?
& qui ne se sente pas attendrir à la vûë d'un JESUS
couronné, déchiré, percé, & mourrant d'amour
pour nous sur la Croix? † La maladie de l'esprit
trouve son reméde dans les Ecritures Saintes, dit
St. Augustin. Heureux qui peut dire avec St. Paul:
μ J'ai été crucifié avec JESUS CHRIST & je vis, non
plus moi-même: mais c'est JESUS CHRIST qui vit en
en moi. Un Chrétien peut-il voir ce qu'un DIEU
a souffert pour lui, & refuser de souffrir avec patience les afflictions qu'il lui envoye, pour la puni-
tion & l'expiation de ses péchez?

Après la Méditation des souffrances de J. C.
rien n'est plus capable de soûtenir une ame dans
les adversitez qui l'environnent, & nourrir sa patience, & la confiance qu'elle doit avoir en DIEU,
qu'une attentive & assiduë lecture des Pseaumes de
David, sur tout de ceux qu'il a composez dans le
fort de ses afflictions. C'est là qu'on trouve la vérité de cette pensée de Saint Augustin. D'abord la
voix de DIEU qui se fait entendre à nos cœurs les
trouble, les épouvante, & semble les condamner;
mais après une sérieuse réfléxion, elle leur rend la
vie, les dilate, les éclaire, & les purifie. Enfin,
c'est nôtre nourriture; c'est ce glaive à deux trenchans
qui coupe ces liaisons que nous avions avec le monde; une médecine salutaire qui nous guérit de nos
infirmitez, la base de notre Edifice; la source de nôtre tranquilité; la vie qui nous arrache des bras de la
mort; & le laurier sacré qui doit composer nôtre
Couronne éternelle. x La lecture de la parole de Dieu

com-

† Omnis morbus animi habet in scripturis medicamentum
S. Aug. μ Christo confixus sum crucui: uivo autem, jam
non ego: vivit vero in me Christus. ad Gal. cap. 2. v. 19.
& 20. x Primum quidem sonans in auribus animæ vox di-
vina conturbat, terret, dijudicatque; sed continuo, si non
avertis, vivificat, illuminat, mundat. Denique & cibus no-
ster est, & gladius, & medicina, & confirmatio, & requies
& resurrectio quoque & consummatio nostra. S. Aug. de divers. 24.

PREFACE.

commence par faire naître le trouble dans le cœur, y jetter l'effroi, & en déveloper tous les replis avec un merveilleux difcernement; elle le difpofe enfuite à une nouvelle vie, en l'amoliffant; l'échauffant, l'éclairant, & le purifiant. Enfin, elle devient fa nourriture, fa médecine, fes armes, fon affermiffement, fon repos, & fa confirmation.

On trouve tous ces avantages dans cette Lecture; on y aquiert cette reffource qui nous rend inébranlables aux attaques de nos Ennemis; patiens dans les adverfitez; refiguez aux decrets de Dieu; un abandonnement parfait aux volontez de la divine Providence : une tranquilité inaltérable dans les perfécutions; une confiance folide en la Miféricorde fuprême. On y voit une peinture de la Grandeur incompréhenfible du Créateur; fon pouvoir infini fur fes Créatures; fa patience à fuporter nos infirmitez; fa bonté à les pardonner; fa douceur à nous écouter; fa libéralité immenfe envers fes Enfans; & la févérité de fa Juftice redoutable à punir les méchans; enfin, on y remarque les fondemens folides de la feule & vraïe Religion.

Je ne pouvois donc jamais choifir un fujet plus propre à me confoler, dans le déplorable état où je me voyois réduit, & foulager ceux qui font dans l'affliction où je me fuis vû, que la Paraphrafe des Pfeaumes; fi ma foible éloquence avoit eu des traits affez vifs, pour répondre à la Grandeur de ma Matiére. Je fens bien que je fuis bien éloigné d'avoir attrappé ces penfées nobles & relevées que demande un fi beau fujet; ni même le tour heureux & difficile du Sonnet, ce rare Phœnix. Cependant j'efpére que ceux qui voudront bien fe donner la peine de lire celle-cy, pardonneront aux mauvais Vers, en faveur de mon zéle; s'ils veulent bien faire réfléxion fur le lieu où je l'ai compofée, & fur les difficultez infurmontables, qui m'environnoient; étant deftitué de toutes

*** 5

chofes;

PREFACE.

chofes, il m'étoit prefqu'impoffible de bien réüffir.
Je protefte n'avoir pris, que dans mon feul fond,
très borné, comme il eft facile de le reconnoître,
toutes les penfées dont je me fuis fervi: ce n'étoient
pas trois Extravagans, que j'avois pour Compagnons, qui pouvoient m'en fournir d'autres; puis
qu'ils étoient les plus rudes obftacles au repos, qui
m'auroit été fi néceffaire, pour y mieux réüffir. Je
n'étois pas aidé de ces traductions admirables que
l'on a fait des Pfeaumes; & fur tout de celle de M.
Godeau, dont la feule lecture bien digérée, feroit
capable de former un efprit à la belle Poëfie; ni de
ce nombre prodigieux de Commentaires qui ont rendu les Pfeaumes fi intelligibles, dans les endroits
qui devoient me paroitre plus obfcurs, fi j'ofe dire,
que le lieu où j'étois enfermé. Encore une fois je
protefte, par la vérité que je dois à Dieu, que,
pour tous Livres, je n'avois que mon Nouveau
Teftament, & un Livre de Priéres.

Eclairé donc du feul Efprit-Confolateur, & animé de fon feu, j'ai entrepris un Ouvrage fi pénible, fans papier, plumes, ni encre ordinaires, dans
un genre de Poëfie auffi ingrat & dificile que le Sonnet. Si j'ai été contraint d'étendre la matiére, pour
compofer un Sonnet d'un Verfet, qui fouvent ne
renferme que quatre à cinq mots, j'ai tâché cependant de jamais ne m'écarter de mon Texte; ou du
moins de n'y rien ajoûter qui n'y eût de la conve-
nance. Je me fuis efforcé auffi de donner de la fuite à tous mes Sonnets, au moins dans chaque Pfeaume, & de les rendre autant uniformes qu'il m'a été
poffible. J'ai encore obfervé, que quand un Sonnet a fini par un Vers mafculin, ou feminin, de
faire commencer le fuivant par un feminin, ou
mafculin.

Après le Texte Latin de chaque Verfet, dont j'ai
donné l'explication en François, j'ai ajoûté une Ré-
flexion

PREFACE.

flexion Chrétienne, qui pourra servir de matiére à
la Méditation que l'on pourra faire dessus: la lecture des Saints Péres m'auroit été très néceffaire pour
y mieux réüffir: mais je n'ai jamais pû obtenir une
feule piéce de leurs Ouvrages, depuis la mort de M.
du Joncas.

Je commence par donner au public les Pfeaumes
de Pénitence, qui feront immédiatement fuivis des
Cantiques de l'Ancien, & du Nouveau Teftament.
S'ils ont le bonheur d'être favorablement reçûs j'a
joûterai à 47. Pfeaumes que j'ai déja compofez en
Sonnets une pareille Paraphrafe du refte des Pfeaumes, après que j'aurai fait paroître l'Hiftoire Tra-
gique de ma Prifon, quelques autres Ouvrages que
j'ai dérobez à la tyrannie de mes Perfécuteurs, & un
Poëme des fouffrances de **J. C.** fi Dieu me donne le
temps, la fanté, & la grace dont j'ai befoin pour é-
xécuter mes deffeins, dont le but principal eft de
foulager la douleur des Perfonnes qui font dans l'affliction.

C'eft à vous principalement, Ames Chrétiennes,
que Dieu veut éprouver dans les fouffrances, que je
confacre cette Paraphrafe, je fouhaite que vous y trou-
viez les mêmes reffources de grace & de confolation que j'y ai goûtées en la traçant. Je m'efti-
merai bien payé de ma peine, fi ces Vers vous fer-
vent à glorifier Dieu dans vos adverfitez: foyez fortement perfuadez que **J. C.** nôtre parfait Modèle,
ne laiffera pas tomber une feule de fes épines fur
vos Têtes, que la miféricorde ne les change en pier-
res precieufes, quand vous les aurez reçûës avec une
réfignation parfaite, pour en compofer ce diadême
immortel, dont il vous couronnera dans le Ciel. y
Celui qui ne prend pas fa Croix, & ne me fuit pas,
n'eft pas digne de moi, dit ce divin Maître. z Cette parole n'eft pas pour les feuls Difciples de **J. C.**

II

y S. Matth. chap. 10. v. 38. z S. Leon. Sermon. 9.

PREFACE.

Il ne faut pas douter qu'elle ne s'adresse à tous les Fidèles, & à toute l'Eglise. Il faut porter sa croix en tout tems; parce qu'il faut vivre en tout tems avec piété. *a* Tout ce que nous pouvons souffrir pendant le tems de cette vie, ne peut entrer en comparaison, ni avec les péchez qui nous sont remis, ni avec la grace, & la consolation que Dieu nous donne présentement, ni avec la gloire éternelle qu'il nous promet. *b* Nous ne pouvons rien faire de plus grand, ni de meilleur dans l'affliction; que de nous éloigner du bruit qui se fait au dehors, & de rentrer dans le secret de nôtre cœur; d'appeller Dieu à nôtre secours dans ce lieu secret, où personne ne voit, ni celui qui gémit, ni celui qui console; de fermer l'entrée de ce lieu à la tristesse qui nous attaque extérieurement; de nous humilier par l'aveu de nôtre péché; enfin, de glorifier, & de louër Dieu, de ce qu'il nous chatie, & de ce qu'il nous console.

Ceux qui n'ont jamais souffert de grandes afflictions trouveront peut-être cette Préface trop longue & ennuyeuse, mais je me flatte qu'elle consolera ceux qui gémiront dans des peines pareilles à celles dont j'ai été affligé pendant onze ans & deux mois, & qu'elle servira à leur faire bénir Dieu, qui est le seul but que je m'y suis proposé. Je prie le Dieu de toute consolation, qu'il jette un regard favorable, & sur eux, & sur moi; & après qu'il nous aura éprouvez, qu'il nous donne à tous cette vie bien-heureuse, où les afflictions ne peuvent arriver.

c A celui qui est Puissant pour nous conserver sans péché, & pour nous établir purs devant sa Majesté

avec

a S. Bern. de la convers. aux. Clers. ch. 21.
b S. Aug. sur le Pseaum. 34. Serm. 2. v. 3.
c Epit. de St. Jude v. 24. & 25.

PREFACE.

avec une parfaite joïe au jour de l'avénement de
nôtre Seigneur JESUS CHRIST à DIEU seul qui nous
a sauvez par JESUS CHRIST nôtre Seigneur , apartient la gloire , la magnificence, l'empire, & la
force dès devant tous les tems, & maintenant , &
dans tous les siécles.   Amen.

R. A. Constantin Scut. delineavit.   D. Coster sculp.

Seigneur, pour chanter tes Loüanges,
Inspire moi de tendres Vers;
Et puisque ta Bonté m'a delivré des fers,
Je veux joindre ma voix a la voix de tes Anges.

LES PSEAUMES

DE
LA PENITENCE,

Paraphrasez en Sonnets.

PSEAUME VI. ℣. 1.

Domine, ne in furore tuo arguas me; neque in ira tua corripias me.

VERSION.

Seigneur ne me reprenez pas dans vo:re fureur, & ne me
châtiez pas dans vôtre colére.

REFLEXION.

*Peut-on concevoir rien de plus affreux que la colére de Dieu, qui
traîne après elle un supplice éternel?*

SONNET.

MOnarque Tout-Puiſſant qui ſoûtiens l'Uni
vers,
Qui ſeul peux mettre fin à mon ſort déplorable;
Qui mets le juſte aux Cieux, & l'injuſte aux Enfers,
Ecoute-moi, Seigneur; pardonne à ce coupable.

Ta foudre étincelante éclate dans les airs,
Du pécheur c'eſt l'effroi; c'eſt ta voix redoutable:
Mais tu vois ma douleur qui veut rompre mes fers;
Appaiſe ta colére, & ſois-moi favorable.

Ne lance pas les traits de ta juſte fureur;
Briſe-les à l'éclat des ſoûpirs de mon cœur:
Voudrois-tu m'écraſer pour châtier mon crime?

Mes ſanglots, mes élans vont repouſſer tes coups;
Oui, l'on doit eſpérer juſqu'aux bords de l'abîme :
Ah! ſouffre que mes pleurs étouffent ton courroux.

A   VER-

VERSET 2.

Miserere mei, Domine, quoniam infirmus sum : sana me, Domine, quoniam conturbata sunt ossa mea.

VERSION.

Aïez pitié de moi, Seigneur, & compâtissez à ma foiblesse ; guérissez-moi, vous, ô mon Dieu, qui voïez le trouble de mon ame !

REFLEXION.

Nôtre infirmité appelle la main de Dieu à nôtre secours, pour couper les filets que nous tend nôtre ennemi, & calmer le trouble où il nous jette.

SONNET.

DE mon cœur mes forfaits ont banni la con-
　　corde;
Contre tes Loix, Seigneur, mes sens sont révoltez;
Rends le calme à ce cœur ; fais-moi miséricorde;
Que ta force supplée à mes infirmitez.

Arrache de mon sein le feu de la discorde ;
Je le sens déchiré de ses traits empestez :
J'ai besoin de secours, que ta main me l'accorde,
A mes yeux abattus fais briller tes clartez.

Je suis tout cangrené, guéris ma maladie;
Je suis prêt de mourir, redonne moi la vie:
Fais à ma dureté succéder ton Amour.

Mes os sont corrompus par la force du vice;
La crainte & la douleur les troublent tour à tour;
Fais-y coûler, Seigneur, une flame propice.

VER·

VERSET 3.

Et anima mea turbata est valde : sed tu , Domine , usquequo?

VERSION.

Mon ame est abattuë de tristesse : jusques à quand,
Seigneur , différerez-vous sa guérison ?

REFLEXION.

Il faudroit être bien insensible pour ne pas trem-
bler à la vûë d'un Juge irrité & Tout-Puissant,
contre les Arrêts duquel il n'y a point d'appel.

SONNET.

MOn esprit est troublé ; mes yeux sont languis-
sans ;
Sous le poids du peché mon ame est abattuë,
Et prête à succomber soûs ses feux devorans ,
Elle voudroit vomir le poison qui la tuë.

Sans toi tous ses efforts resteront impuissans :
Puisque de son erreur tu la fais convaincuë,
Qu'elle veut t'appaiser par ses sanglots pressans,
Daigne sur ses regrets , daigne abaisser la vuë.

Jusques à quand, Seigneur , te saurai-je irrité ?
Quand verrai-je en mon cœur renaître ta clarté ?
Il n'a que trop langui sous un affreux nuage.

Jusqu'à quand lui cacher son Soleil ravissant ?
Jusqu'à quand , ô mon Dieu , lui voiler ton visage?
Viens reveiller ce cœur d'un raïon éclatant.

A 2   VER-

VERSET 4.

Convertere, Domine, & eripe animam meam ; salvum me fac propter misericordiam tuam.

VERSION.

Tournez vos yeux sur moi, Seigneur, & délivrez mon ame ; sauvez-moi par vôtre grande miséricorde.

REFLEXION.

Si Dieu ne nous regardoit pas d'un œil miséricordieux, où en serions-nous ?

SONNET.

ECoute mes soûpirs ; regarde ma misére ;
Abaisse un peu les yeux, & les tourne vers moi ;
Exauce par pitié mon ardente priére :
J'espére en toi, Seigneur, tromperois-tu ma foi ?

Un fils humilié sait appaiser son Pére ;
La clemence toûjours a marché devant toi :
Tu vois coûler mes pleurs ; cesse d'être sévére ;
Et fais rentrer mon ame aux sentiers de ta Loi.

Grace, grace, mon Dieu ! montre-moi ta tendresse ;
Viens détacher mes fers ; pardonne à ma foiblesse,
Et laisse-toi fléchir à ma vive douleur.

Tu fais miséricorde au pécheur qui te prie :
J'ai péché ; je gemis ; appaise ta rigueur ;
Déchire ma sentence, & tu me rends la vie.

VER-

VERSET 5.

Quoniam non eſt in morte qui memor ſit tui ; in inferno au-
tem quis confitebitur tibi ?

VERSION.

On ne ſe ſouvient point de vous parmi les morts ;
& qui célébrera vos louanges dans les Enfers ?

REFLEXION.

Pleurons nos péchez pendant qu'il nous eſt permis
de le faire ; il n'en ſera plus tems après la mort:
cruelle pénitence que celle qui eſt éternelle !

SONNET.

LA mort qui détruit tout ne ſauroit t'élever;
De tes faits glorieux garde-t-elle l'Hiſtoire ?
Eſt-ce ſur mon tombeau que tu les veux graver,
Ou permettre à ma main d'illuſtrer ta mémoire ?

L'inſenſé dont l'orgueil oſa bien te braver
Dans des feux devorans chante-t-il ta Victoire,
Sous des fleaux éternels que tu veux agraver ?
Eſt-ce en ce lieu d'horreur qu'il publira ta gloire ?

Ton Nom eſt blaſphêmé dans le fond des Enfers;
Les Démons en fureur hurlent, rongent leurs fers;
L'abime retentit de leur affreuſe rage.

Eſt-ce là qu'on t'adreſſe un chant victorieux ?
Et peut-on, ſans fremir penſer à ce langage,
Qui fait trembler la terre, en outrageant les Cieux?

A 3

VER-

VERSET 6.

Laboravi in gemitu meo ; lavabo per singulas noctes lectum meum ; lachrimis meis stratum meum rigabo.

VERSION

Je me suis abattu par de longs gémissemens ; je baignerai toutes les nuits mon lit , à force de l'arrofer de mes larmes.

REFLEXION.

Les larmes que nous versons sur les chofes passa-gères marquent nôtre foiblesse ; celles que nous répandons en vûë des chofes éternelles , prouvent nôtre Sageffe.

SONNET.

D'Un vif reffentiment je fens mon ame atteinte;
J'étouffe mes fanglots dans un torrent de pleurs;
Mes foûpirs , mes regrets s'uniffent à ma plainte,
Et je ne puis affez déplorer mes malheurs.

Toûjours devant mes yeux la mort me femble peinte
Dont la cruelle faux veut finir mes douleurs:
Je me fens affoiblir; ma chaleur eft éteinte;
L'image des enfers redouble mes fraïeurs.

Mille troubles confus augmentent mes alarmes:
Pour fléchir ton courroux je provoque mes larmes,
Je les joins à mes vœux , j'en repands jour & nuit.

Mon fein en eft baigné , j'en arrofe ma couche:
De mon cruel péché voila le trifte fruit:
Seigneur qui vois mes maux, que leur excès te tou-che.

VER-

VERSET 7.

Turbatus est à furore oculus meus : inveteravi inter inimicos meos.

VERSION.

Mes yeux font troublez de l'horreur de mon péché ; j'ai vieilli au milieu de mes ennemis.

REFLEXION.

Les afflictions qui nous arrivent, bien loin de nous troubler, nous doivent fervir de marchepied pour nous élever à Dieu : celui qui blanchit, fans fe plaindre, dans les miféres du Siécle, fe verra couronner de gloire dans l'éternité.

SONNET.

LEs fanglots de mon cœur ; le trouble de mes yeux ,
La pâleur de mon front, mes foûpirs, mon filence,
Mille gemiffemens, mille cris douloureux,
Sont les affreux tributs de ma cruelle offenfe.

Je ne puis trop pleurer fur mon crime odieux :
Je croi du Ciel en feu voir l'horrible vangeance ;
Qu'un Dieu pour me punir lance un trait furieux ;
Et la peur qui m'abat me punit par avance.

Je blanchis accablé fous de terribles fleaux :
Je me vois le jouët de mes traîtres Rivaux ;
Et leur indigne orgueil infulte à ma vieilleffe.

Je fuis abandonné de mes lâches Amis:
J'adore en eux les coups de la main vangereffe ,
Et je prie en fécret pour tous mes Ennemis.

A 4

VER-

VERSET 8.

Discedite à me omnes qui operamini iniquitatem , quoniam exaudivit Dominus vocem fletus mei.

VERSION.

Retirez-vous & éloignez-vous de moi, méchans, parce que le Seigneur a écouté la voix de mes larmes.

REFLEXION.

Quand on a de la confiance en Dieu, on ne redoute pas les méchans.

SONNET.

PErturbateurs rempants acharnez au pillage,
Lâches féditieux, Miniftres de l'Enfer,
Fameliques corbeaux qui volez au carnage
Eloignez-vous de moi; ceffez de m'offenfer.

Affez & trop long tems vôtre affreux brigandage
A répandu l'horreur de la flame & du fer:
Le Ciel a vû mes maux, il me rend le courage;
Vous fentirez la main qui me fit triompher.

Mes cris montez aux Cieux ont defarmé mon
Pére,
Et changent fon courroux en un amour fincére;
Il va tourner fur vous fes carreaux redoutez.

Mes pleurs ont fû fléchir le Maître du tonnerre
Et pour vanger l'excès de vos impiétez
Sa fureur par ma voix vous déclare la guerre.

VER-

VERSET 9.

Exaudivit Dominus deprecationem meam ; Dominus oratio-
nem meam suscepit.

VERSION.

Le Seigneur a éxaucé mon humble priére, il a
écouté favorablement mon oraison.

REFLEXION.

Quel bonheur ! nous parlons à Dieu quand nous vou-
lons, & il nous écoute toûjours.

SONNET.

LE feu de l'oraison monte comme un encens ;
Il nourrit nôtre zèle, il embrase notre ame ;
Au trône redoutable il porte nos élans,
Et puise au sein de Dieu l'ardeur qui nous enflame.

L'effort de ma priére & mes sanglots pressans
Ont touché le Seigneur, il approuve ma flame ;
Il va me pardonner mes transports violens ;
Il enléve mon cœur ; à ses pieds je me pâme.

Heureux qui pousse au Ciel mille & mille soû-
pirs !
Une faveur d'enhaut comble tous ses desirs :
A ma voix l'Eternel a prêté son oreille.

Tant de cris redoublez à la fin l'ont touché ;
Il étoit sourd pour moi, ma ferveur le reveille,
Et son sensible amour pardonne mon péché.

             VER-

VERSET 10.

Erubescant & conturbentur vehementer omnes inimici mei; convertantur & erubescant valde velociter.

VERSION.

Que mes Ennemis rougissent de honte ; & que le trouble les saisisse, & qu'ils soient couverts de confusion.

REFLEXION.

Nôtre humilité enfle l'orgueil de nos ennemis ; nôtre tranquilité excite leur trouble ; & nôtre gloire fera une partie de leur desespoir.

SONNET.

QUe mes rivaux jaloux séchent sur pied d'envie ;
Que ces fiers Ennemis soient accablez d'affronts ;
Que leur cruel orgueil soit suivi d'infamie ;
Qu'un honteux châtiment fasse rougir leurs fronts.

Que leur postérité soit à jamais flêtrie ;
Qu'ils soient jettez au feu comme de noirs tisons ;
Et si leur derniere heure est semblable à leur vie,
Que ces lâches Tyrans soient en proïe aux Démons.

Que leur confusion se convertisse en rage ;
Qu'ils soient après un long & cruel esclavage
Devorez par le feu, dechirez par le fer.

Tremblez, tremblez pécheurs, que deviendra
votre ame ?
Vos crimes redoublez vous traînent dans l'Enfer
Où le Ciel vous allume une éternelle flame.

VER-

PSEAUME XXXII. ℣. 1.

*Beati quorum remiſſæ ſunt iniquitates, & quorum
tecta ſunt peccata.*

VERSION.

Heureux ceux dont les iniquitez ſont pardonnées,
  & dont les pechez ſont effacez !

REFLEXION.

*Qu'un criminel eſt heureux qui voit ſigner ſa grace !
quel bonheur pour un pécheur d'obtenir par ſes
pleurs la remiſſion de ſon peché !*

SONNET.

Heureux qui peut pleurer ſur ſes iniquitez !
Ses ſoûpirs douloureux au Ciel ſe font entendre:
Heureux pour étouffer ſes folles vanitez
Qui ſe couvre en ſecret & de ſac & de cendre.

Il éteint de ſon ſein les charbons empeſtez :
Son cœur étoit d'airain, il devient pur & tendre :
Ses larmes du Seigneur rappellent les bontez ;
Il goûte des plaiſirs que lui ſeul peut comprendre.

Dieu jette dans l'oubli l'horreur de ſes forfaits ;
Il appaiſe ſon trouble, & lui donne la Paix :
Quel bonheur de revoir le calme après l'orage !

La tempête écartée il entre dans le port,
Il s'y voit à couvert d'un terrible naufrage ;
Ses cris l'ont arraché des portes de la mort.

VER-

VERSET 2.

Beatus vir cui non imputavit Dominus peccatum , nec est in Spiritu ejus dolus.

VERSION.

Heureux l'homme à qui le Seigneur n'impute point son peché , & dont l'esprit n'est point déguisé, ni trompeur.

REFLEXION.

Si nous pouvions comprendre de quel prix est nôtre innocence devant Dieu, nous aimerions mieux mourir mille fois que de la corrompre par la moindre malice.

SONNET.

QUelle felicité ! quel bonheur ! quelle gloire
Pour un cœur que le Ciel a vivement touché !
Un jour serain succéde à la nuit la plus noire ,
Et le Soleil l'éclaire après s'être caché.

Dieu pardonne son crime , il en perd la memoire
Il efface l'horreur dont il étoit taché ;
Il lui fait sur l'Enfer remporter la victoire,
Et son amour vainqueur triomphe du peché.

Cet humble penitent met à couvert sa tête ;
Il adore la main qui signe sa requête :
Il marche sans detours , avec simplicité.

Son esprit ingenu deteste la malice ;
Il fuit l'ecueil caché de la duplicité ;
Et par d'étroits sentiers il cherche la justice.

VER-

VERSET 3.

Quoniam tacui inveteraverunt ossa mea dum clamarem tota die.

VERSION.

Parce que j'ai caché mon mal secrettement, mes os se sont défechez parmi les cris que j'ai poussez tous les jours.

REFLEXION.

Quand on a passé sa jeunesse dans la volupté, il faut blanchir dans la douleur & les larmes.

SONNET.

JE reste sans replique à l'aspect de mes maux ;
Mon corps sec & glacé parôit être une souche ;
Je tremble, je vieillis sous de terribles fleaux
Dieu qui vois mes malheurs que leur excès te touche!

Mes os extenuez sous leurs arides peaux
Presentent un squelette à mon regard farouche :
La mort sous chaque pas m'offre d'affreux tombeaux
Et quand je veux dormir je la crois dans ma couche.

Les ennuis, la tristesse, ont blanchi mes cheveux ;
Je fais tout retentir de mes cris douloureux ;
L'abondance des pleurs suffoque ma parole.

Mes sanglots redoublez s'élancent vers le Ciel :
Arrête par pitié mon ame qui s'envole,
Seigneur qui seul m'entens grace à ce criminel.

VER-

VERSET 4.

*Quoniam die ac nocte gravata est super me manus tua ; conver-
sus sum in ærumna mea, dum configitur spina.*

VERSION.

Vôtre main, ô Dieu, s'est apesantie jour & nuit sur
moi : je me suis tourné vers vous dans mon affliction, & vous avez vû mon ame ateinte de remords cuisans.

REFLEXION.

*Le deplorable état que celui d'une ame ulcerée ! elle
ne trouvera jamais de repos qu'en decouvrant ses
playes à Dieu.*

SONNET.

CHaque raïon du jour me paroît un tonnerre ;
Les horreurs de la nuit redoublent mon effroi :
Il semble que le Ciel m'a declaré la guerre :
Ta main, ô Dieu ! ta main s'apesantit sur moi.

Je pense à chaque pas voir entr'ouvrir la terre :
Si j'éléve les yeux je fremis devant toi :
Je croi voir dans ta main ton brillant cimeterre,
Et lire mon Arrêt sur le front de mon Roi.

Au pied de tes Autels accablé de tristesse,
J'embrase tes genoux, j'implore ta tendresse,
A force de pleurer j'appaise ta rigueur.

N'epargne pas mon sang, ce sang te fut rebelle,
Quand tu vois que tes traits ont penétré mon cœur,
Seigneur garentis-le de la flame éternelle.

VER-

VERSET 5.

Delictum meum cognitum tibi feci, & injustitiam meam non absondi.

VERSION.

Je vous ai découvert mon péché, & je ne vous ai point caché mon injustice.

REFLEXION.

On ne peut être gueri en cachant sa blessure, il faut la découvrir au Médecin qui seul peut nous soulager.

SONNET.

OUi; je voudrois en vain me cacher à tes yeux;
Ils pénétrent, Seigneur, dans le fond de l'abîme:
Tout est clair devant toi jusqu'aux plus sombres lieux
Dans les plis de mon cœur tu découvres mon crime.

Je pleure nuit & jour sur ce crime odieux:
Ma pressante amertume est juste & légitime:
Une impudique ardeur me rendit furieux;
Elle me fit verser le sang de mon intime.

Mais enfin revenu de ma sanglante erreur,
Je me jette à tes pieds pénétré de douleur;
J'y déplore l'excès de ma noire injustice.

Devant ta Majesté qui pourroit m'excuser?
Pardonne à ce Pécheur qui déteste son vice,
Et devant toi confus qui s'en vient accuser.

VER-

VERSET 6.

Dixi: confitebor adverſum me injuſtitiam meam Domino; & tu remiſiſti impietatem peccati mei.

VERSION.

J'ai dit : j'avourai mon injuſtice, & je m'en ac-
cuſerai devant le Seigneur, & vous m'avez par-
donné l'horreur de mon péché.

REFLEXION.

*Le moien d'obtenir le pardon de ſon crime, c'eſt de
l'avouër, de le déteſter, & de le pleurer.*

SONNET.

QUand un cœur devant toi ſe reconnoît coupable,
Qu'il gémit à l'aſpect de ſes lâches forfaits,
Tu jettes ſur ce cœur un regard favorable;
Un ſeul de ſes ſoûpirs peut émouſſer tes traits.

Je le dis hautement : je ſuis un miſérable;
Je me vois accablé ſous mes honteux projets.
Je pleure amérement un crime déteſtable;
Pardonne-le, Seigneur, & viens ſigner ma Paix.

Un Pécheur pénitent provoque ta clémence;
C'eſt toûjours à regret que tu punis l'offenſe;
Ton amour eſt plus grand que mon impiété.

Tout mon ſang pouroit-il devant toi trouver grace?
Mes larmes cependant éprouvent ta bonté,
Et ma vive douleur me dévoile ta face.

LA PENITENCE.

VERSET 7.

Pro hac orabit ad te omnis Sanctus in tempore oportuno.

VERSION.

Cette grace fera que tout Homme juste vous re-
clamera en tout tems.

REFLEXION.

*Il n'y a point de tems mieux employé que celui qu'on
donne à la Priére.*

SONNET.

IL faudroit être injuste , il faudroit être ingrat,
Pour ne pas éxalter les bontez d'un tel Pére :
Du tonnerre, Seigneur, prête à ma voix l'éclat,
J'en ferai retentir l'un & l'autre Hémisphére.

Je veux que tous mes jours soient des jours de Sa-
bat ;
Que tout ton Peuple uni se joigne à ma priére ;
Qu'une humble piété régne dans mon Etat,
Et que tout homme adore un Dieu si debonnaire.

Qu'en tout tems, en tous lieux , l'on prie avec
ferveur ,
Qu'un zèle tout divin anime notre ardeur :
Fais que ma Sainteté serve par tout d'éxemple.

Que l'on vante par tout le culte d'Israël ,
La beauté de ton Arche, & l'ordre de ton Temple ,
Et qu'on chante ta Gloire en Terre comme au Ciel.

 VER-

VERSET 8.

Veruntamen in diluvio aquarum multarum ad eum non aproximabunt.

VERSION.

Et quand un deluge inonderoit encore toute la terre, ce juste n'en seroit pas endommagé.

REFLEXION.

Quand le Juste a mis son cœur entre les mains de Dieu, il redoute peu les efforts du monde : il est si haut que le mal n'y peut atteindre.

SONNET.

QUand le courroux du Ciel fera tomber l'orage
Pour submerger la terre & punir les mortels ;
  Que la Mer en fureur étendra son ravage,
Et mêlera ses flots aux plafonds éternels ;

  L'onde respectera la demeure du Sage ;
Il sera guaranti par tes soins paternels,
Et dans les lieux sacrez dont tu fis son partage,
Il bénira ton Nom par des chants solennels.

  Il sera sous ton aîle à l'abri de la foudre :
Oui, l'on verra plûtôt voler le monde en poudre,
Que périr un sujet qui se confie en toi.

  Que l'Enfer furieux contre lui se déchaîne,
Il est en sûreté dans le sein de son Roi ;
Et ton amour le met à couvert de la haine.

VER·

VERSET 9.

Tu es refugium meum à tribulatione quæ circundedit me: exulta-
tio mea erue me à circundantibus me.

VERSION.

Vous êtes mon azile contre toutes les adverfitez
qui m'environnent: vous qui êtes ma joye, déli-
vrez-moi des ennuis dont je suis accablé.

REFLEXION.

Que peut craindre celui que Dieu protége?

SONNET.

QUoi! n'es-tu pas, Seigneur, un Azile affuré,
Où ne peut s'élever l'éclat de la tempête?
L'envie en vain découvre un fein tout ulcéré,
Et lance fes Serpens; ton regard les arrête.

Le jufte; dans ton cœur goûte un repos facré;
Il jouït des faveurs que le Ciel nous aprête:
Par ton divin fecours mon trouble eft moderé;
De cent traits menaçans tu garantis ma tête.

Que l'Enfer contre moi vomiffe tous fes feux;
Que le monde m'étale, un attrait tout pompeux,
Et que la volupté m'aléche par fes charmes.

Toi feul fais mon repos; toi feul es mon plaifir;
Tu fomentes ma joïe au milieu des alarmes,
Et rien avecque toi ne manque à mon défir.

B 2   VER-

VERSET 10.

Intellectum tibi dabo, & instruam te in via hac qua gradieris; firmabo super te oculos meos.

VERSION.

Je vous donnerai, dit le Seigneur, l'intelligence, & je vous conduirai par la voïe où vous devez marcher, je tiendrai mes yeux attachez sur vous.

REFLEXION.

Quand nous suivons nos propres lumiéres, nous nous égarons toûjours; quand on suit le Soleil de justice, on marche sans crainte, & on arrive au comble de de la felicité.

SONNET.

ECoute mon esprit, & pése avec prudence
Tout ce que te promet le Dieu de l'Univers:
Mon feu te remplira, dit-il, d'intelligence;
Je te ferai briller de mille traits divers.

Tu marcheras toûjours sous mon obeïssance;
Je te garantirai des sinistres revers:
Je serai ton apui; je prendrai ta deffense,
Et je t'écarterai du sentier des Enfers.

Je veux être, mon Fils, & ton guide & ta voïe:
Fonde solidement ton repos & ta joïe,
Sur mon constant amour, qui te porte en tous lieux.

Sans te perdre un instant, je te suis, je t'observe;
Ma charité te prête & mon cœur & mes yeux;
Ma force te soûtient, & mon soin te conserve.

LA PENITENCE.

VERSET II.

Nolite fieri sicut equus & mulus, quibus non est intellectus.

VERSION.

Ne vous conformez pas au Cheval & au Mulet qui n'ont point de raisonnement.

REFLEXION.

Ce qui nous distingue des bêtes c'est la raison : ainsi quand la fureur la trouble, nous nous mettons au rang des bêtes les plus féroces.

SONNET.

Jette-toi dans mes bras, & te laisse guider,
Et je te conduirai par la route certaine :
Souhaite d'obeïr, jamais de commander :
Le Septre est un fardeau, dont le poids nous entraîne.

Vois un Cheval rétif qu'on ne sauroit brider ;
Un Mulet échappé qui bondit dans la plaine :
A ces fiers animaux que peut-on demander ?
Du jugement, du sens ? ce seroit chose vaine.

Consulte la raison, & ne fais pas comme eux ;
Modére les transports de ton esprit fougueux ;
Sois soûmis sans éclat, affable sans bassesse.

La vraïe obeïssance est d'un prix infini :
Le cœur tranquilisé découvre sa sagesse :
L'humble s'éléve au Ciel ; le vain en est banni.

B 3

VER-

PSEAUMES DE

VERSET 12.

In camo & freno maxillas eorum conftringe qui non aproximant ad te.

VERSION.

Vous leur donnerez le mord & la bride, pour les empêcher de vous nuire.

REFLEXION.

Un homme colere & emporté se fait craindre, & on doit le fuir comme une bête furieuse.

SONNET.

L'On dompte le Cheval qui paroît indomptable ;
Il tourne à toute main avec un fimple mords ;
A l'habile Ecuyer il fe montre traitable ;
Avec un peu d'adreffe on rend fouple fon corps.

Ses bonds, fa dent, fon feu, fa fougue redoutable
Faifoient aprehender fes furieux efforts ;
La difcipline en fait un fujet impaïable ;
De la terre, à fon aide, on puife les trefors.

Des efprits violens troublent toute une Ville ;
Un Enfant mutiné defole une famille ;
Il faut les afServir fous la verge ou les fers

Des fujets orgueilleux font bien fouvent rebelles ;
Si la douceur ne peut amolir ces pervers,
Le feu fera trembler ces ames criminelles.

VER-

VERSET 13.

Multa flagella peccatoris sperantem autem in Domino misericordia circundabit.

VERSION.

Toutes sortes de fleaux tomberont sur le pécheur ; mais la misericorde sera le partage de ceux qui mettent leur esperance au Seigneur.

REFLEXION.

Dieu peut-il pousser sa vangeance plus loin, que de punir des plaisirs qui durent si peu, par des suplices rigoureux & éternels : & peut-il recompenser plus magnifiquement, que de donner pour des peines legeres une Couronne immortelle ?

SONNET.

L'Eternel au Pécheur prepare mille fleaux ;
Ses menaces n'ont pû refrener sa furie ;
Son bras l'acablera sous de cruels travaux ;
Sa main l'enchaînera, pour punir sa folie.

L'avarice & l'orgueil troubleront son repos ;
Son cœur sera rongé par la rage & l'envie ;
Une cruelle mort mettra fin à ses maux,
Mais pour éternifer une éxécrable vie.

O vous ! dont les soûpirs rappellent le Seigneur,
Que l'on voit penetrez d'une vive douleur,
Esperez, esperez en sa misericorde.

Vos pleurs effaceront vos crimes odieux ;
Sa Loi vous le promet, sa Grace vous l'accorde,
Et vos cris penetrans vous ouvriront les Cieux.

                    VER-

VERSET 14.

Lætamini in Domino, & exultate justi; & gloriamini omnes recti corde.

VERSION.

Justes, faites briller vôtre joïe aux yeux du Seigneur, & glorifiez vous de la droiture de vôtre cœur.

REFLEXION.

La pureté de cœur fait goûter au juste un plaisir inconnu aux amateurs du siécle, & il est inexprimable, puis qu'il a sa source en Dieu même.

SONNET.

JUstes qui jouïssez d'une douceur profonde;
Vous que n'ont pû briser l'orage, ni les vents.
Vaisseaux qui resistez à la fureur de l'onde.
Vous entrerez au Port, malgré tous les courans.

Vases d'or glorieux en qui la grace abonde,
Voïez changer en fleurs vos douloureux tourmens:
Oui rejouïssez-vous de triompher du monde;
Vous serez élevez sur des Trônes brillans.

Pacifiques esprits, cœurs ardens, ames pures;
Diamans precieux polis sous les tortures
Vous serez l'ornement des suprêmes lambris.

Par des Vers relevez chantez vôtre Victoire;
Vos vœux montent au Ciel, Dieu même en est le Prix;
Et veut que son amour couronne vôtre gloire.

PSEAU-

PSEAUME XXXIX. ℣. 1.

Domine ne in furore tuo arguas me ; neque in ira tua corripias me.

VERSION.

Seigneur, ne me reprenez pas dans votre fureur,
& ne me corrigez pas dans vôtre colére.

REFLEXION.

Est-il rien de plus redoutable, que le bras terrible
d'un Dieu irrité?

SONNET.

MOnarque redoutable, Arbitre Souverain !
Ah ! ne me punis pas dans ta juste colére ;
Je n'ai que trop senti ce que pése ta main ;
Ne me regarde plus d'un visage sévére.

Je déteste le jour qui me vit inhumain :
Si je fus mauvais Fils, tu fus toûjours bon Pére :
Qui t'invoque, grand Dieu ! t'invoque-t-il en vain?
A l'aspect de mes maux, que ton feu se modére.

Seigneur, ne frappes pas ; appaise ton courroux :
Il est vrai, j'ai péché, je mérite tes coups ;
Mais entends ton Amour qui demande ma grace.

Où me mettre à couvert de tes terribles traits !
Je tremble au vif éclat du fer qui me menace ?
Dépose ton Tonnerre, & m'accorde la Paix.

B 5

VER-

V E R S E T 2.

Quoniam sagittæ tuæ infixæ sunt mihi, & confirmasti super me manum tuam.

V E R S I O N.

J'ai senti les traits piquans de votre indignation, que vous avez lancez contre moi, sur qui vous avez appesanti votre main.

R E F L E X I O N.

Toutes les machines de guerre inventées par les hommes pour assouvir leur fureur, ne font rien en comparaison des traits éclatans de Dieu : la mort naturelle n'est rien, si on la met en paralelle avec la mort éternelle dont il punit le péché.

S O N N E T.

EN décochant sur moi tes fléches formidables,
Leur effort violent a pénétré mon cœur :
Tes traits, Seigneur, tes traits, sont des traits redoutables,
Rien ne peut s'opposer à leur juste fureur.

J'entens gronder sur moi tes carreaux effroyables;
L'éclair qui me menace en est l'avant-coureur;
Les vents enflent déja leurs bouches implacables,
Et l'air tout enflamé fait briller ta rigueur.

Je sens le pesant poids de ta main rigoureuse :
Voudroit-elle écraser ma tête douloureuse,
Quand tu vois distiler les larmes de mes yeux?

Es-tu donc descendu pour me faire la guerre ?
Vas-tu pour m'abîmer faire fondre les Cieux,
Quand tu peux d'un clin d'œil me briser comme
un verre?   VER-

VERSET 3.

Non est sanitas in carne mea à facie iræ tuæ; non est pax ossibus meis à facie peccatorum meorum.

VERSION.

Mon corps est languissant à la vûë de votre œil courroucé ; & l'image de mon péché ne me donne aucun repos.

REFLEXION.

On ne trouve la Paix qu'en Dieu seul; le trouble & la confusion sont la part du pécheur.

SONNET.

DE ta face enflamée où brille ton courroux
Partent les traits vangeurs dont ma chair est atteinte ;
Mon corps atenué succombe sous tes coups,
Et mon cœur languissant est pénétré de crainte.

Tremblant, triste, confus j'embrasse tes genoux :
Calme, calme ton front ; entens, entens ma plainte :
Tes yeux sont tous de feu, qui me furent si doux ;
Bannis-en la fureur, ou ma vie est éteinte.

Pour mon ame agitée il n'est plus de repos ;
La force de mon trouble a desséché mes os,
Et je suis accablé sous le poids de mon crime.

J'ai toûjours devant moi l'horreur de mon péché :
Elle peint à mes yeux l'image de l'abîme :
De tant de maux, Grand Dieu ! quoi, n'es-tu pas touché ?

VER-

VERSET 4.

Quoniam iniquitates meæ supergreſſæ ſunt caput meum ; &
ſicut onus grave, gravatæ ſunt ſuper me.

VERSION.

Je ſuis abîmé ſous mes iniquitez qui ſurpaſſent le
nombre des cheveux de ma tête ; & comme un
fardeau peſant elles m'accablent ſous leur faix.

REFLEXION.

Le plus lourd & le plus agravant de tous les far-
deaux, c'eſt le péché.

SONNET.

MOn crime eſt le levain qui forma la tempête,
Qui condance ſur moi mille éclats manaçans ;
Les flots de mes péchez ont ſurpaſſé ma tête,
Et je ſuis englouti ſous leurs affreux torrens.

Je croi, pour te vanger, voir ta main qui s'aprête,
Et qu'elle fait briller ſes traits étincelans.
Tu me vas écraſer, ſi l'amour ne t'arrête,
Pour écouter mes cris, & mes gémiſſemens.

Sous le poids accablant du péché qui la tuë
Mon ame eſt de douleur languiſſante, abatuë,
Et prête à ſuccomber ſous ce peſant fardeau.

Dis un mot ſeulement, elle ſera guerie ;
Toi ſeul peux la tirer de ce triſte tombeau :
Dis-lui : je te pardonne, & tu lui rends la vie.

VER-

VERSET 5.

Putruerunt & corruptæ sunt cicatrices meæ à facie insipientiæ meæ.

VERSION.

Mes cicatrices se font envieillies, & ont dégénéré, par ma folie, en une corruption sans reméde.

REFLEXION.

Il n'y a point d'odeur plus infecte que celle qui sort du péché.

SONNET.

DE mon cœur cangréné chasse le noir venin ;
Il coûle dans mes os, & dans chaque jointure ;
Son feu va me miner ; & sous cet assassin
Mon corps n'est qu'une plaïe, & tombe en pouriture.

Je marche tout courbé ; j'aproche de ma fin ;
Je parois le rebut, l'horreur de la nature :
Je descens aux Enfers sans ton secours divin :
Seigneur, qui vois mes maux, fais cesser leur torture.

L'excès de mon péché m'accompagne par tout :
Où suis-je si ton bras veut me pousser à bout :
Je fremis à l'éclat de ta terrible épée.

Le sang que j'ai versé se présente à mes yeux ;
Ce cruel souvenir tient mon ame occupée ;
C'est un bourreau secret qui me suit en tous lieux.

VERSET 6.

Miser factus sum & curvatus sum usque in finem; tota die contristatus ingrediebar.

VERSION.

Misérable & courbé sous le fardeau de mon péché, j'avance vers ma fin, je passe toutes mes journées dans une tristesse accablante.

REFLEXION.

Il n'y a que la tristesse que cause le péché qui soit utile : les larmes que nous versons sur tout autre chose sont des larmes perduës.

SONNET.

Qu'un homme qui t'oublie est comblé de miſére,
Seigneur, quand on le voit en proïe à ses excès!
Pour errer dans la nuit il éteint ta lumiére,
Et chancelle accablé sous le poids des forfaits.

Voila l'état cruel où m'a mis ta colére,
Pour avoir lâchement profané tes bienfaits :
J'ai fait verser du sang aux yeux d'un si bon Pére,
Et ce sang répandu m'a privé de ta Paix.

Un remords devorant m'accompagne sans cesse;
Je sens le bras vangeur qui me suit & me presse,
Et qui pour m'accabler arme tout contre moi.

Une torche à la main je pense voir Urie
Qu demande la mort de son perfide Roi :
Heu-ux si cette mort lui redonnoit la vie!

VER.

VERSET 7.

Quoniam lumbi mei impleti sunt illusionibus &
non est sanitas in carne mea.

VERSION.

Mes reins enflamez me caufent d'étranges illufions ; & mon corps eft tout corrompu.

REFLEXION.

Les remords d'une confcience ulcerée font les vers
qui rongent l'ame : l'unique reméde pour les faire
mourir, c'eft de les noier dans les pleurs.

SONNET.

MOn efprit eft troublé de mille illufions ;
Le chagrin quand je marche eft toûjours à ma fuite ;
Mon fommeil eft mêlé d'affreufes vifions ;
La mort court après moi, lorfque je prends la fuite.

C'eft à quoi m'ont reduit mes folles paffions :
Amour tyran des cœurs, trop heureux qui t'évite !
Je fens de ton poifon les agitations,
Ton feu qui m'a feduit me tourmente & m'irrite.

Pourquoi t'ai-je écouté funefte, ingrat vainqueur ?
Quel fruit ai-je cueilli de ta cruelle ardeur,
Qu'un cuifant repentir, une fin languiffante ?

Tes traits ont triomphé de ma foible vertu ;
Je refte fans vigueur, confus, trifte, abatu ;
Et mon cœur fe diffout fous une fiévre lente.

VER-

VERSET 8.

Afflictus sum & humiliatus sum nimis; rugiebam à gemitu cordis mei.

VERSION.

Mes afflictions m'ont humilié jusques à l'excès; & ma douleur a changé mes sanglots en rugisse-mens.

REFLEXION.

Heureuse affliction que celle qui nous reconçilie à Dieu!

SONNET.

JE suis humilié, tremblant, triste affligé,
Et mon corps abatu succombe sous sa peine:
Mon cœur est jour & nuit de cent remords rongé;
L'amertume l'abîme & sa perte est certaine.

Quelle fut mon erreur! où me suis-je engagé!
Mon sein est oppressé; mon ame est à la gêne:
Pardonne-moi, Seigneur, après t'être vangé,
Et fais prendre à l'amour la place de la haine.

Pourrai-je t'appaiser par mes gemissemens?
Grand Dieu qui vois l'excès de mes cruels tourmens,
Languirai-je toûjours sous le poids qui m'accable?

Sentirai-je à jamais les coups de ta rigueur?
Le Ciel se rend-il sourd aux cris d'un misérable,
Et peut-il rejetter l'éclat de ma douleur?

VERSET 9.

Domine ante te omne desiderium meum, & gemitus meus à te non est absconditus.

VERSION.

Seigneur, vous lisez jusqu'au fond de mon cœur, & ma douleur & mes soûpirs ne vous sont pas cachez.

REFLEXION.

L'infaillible moyen d'arrêter la vangeance de Dieu c'est de pleurer amerement devant lui.

SONNET.

Mon cœur outré s'afflige ; il languit, il soûpire,
Tu vois, Seigneur, tu vois, où tendent ses desirs :
Regarde par pitié l'excès de son martyre,
Et donne quelque tréve à tant de déplaisirs.

Son ardeur le consume ; il fond comme la cire :
Oui, son feu qui s'éléve au dessus des zephirs
Voudroit brûler tes traits, conquerir ton Empire,
Et forcer ton amour pour prix de ses soûpirs.

Cet amour penetrant lit au fond de mon ame ;
Il l'éveille ; il l'appelle ; il l'excite ; il l'enflame,
Et prête son oreille à ses gemissemens.

A tant de cris, ô Dieu ! montre-toi favorable ;
Perds jusqu'au souvenir de mes égaremens ;
Et signe mon pardon d'une main charitable.

C   VER-

VERSET 10.

Cor meum conturbatum est ; dereliquit me virtus mea ; & lu-
men oculorum & ipsum non est mecum.

VERSION.

Mon cœur est troublé ; ma force, & mon courage m'abandonnent ; & mes yeux sont affoiblis à
force de pleurer.

REFLEXION.

Triste état que celui d'un cœur abandonné de la gra-
ce ! combien faut-il qu'il soûpire pour la rapeller !

SONNET.

MEs sens sont confondus ; mon cœur en est trou-
blé ;
Ma force m'abandonne au milieu de l'orage ;
Sous mon propre fardeau je me vois accablé ;
Et j'ai forgé les fers de mon dur esclavage.

Ton courroux me fait peur ; mon crime l'a comblé :
Sa noire exhalaison a formé le nuage
Où pour m'exterminer ton foudre est assemblé ;
A son bruyant éclat je manque de courage.

Je porte dans mes yeux l'image de la mort ;
Je tourne vers le Ciel leur languissant effort ;
Une éternelle nuit va fermer ma paupiére.

Je ne puis soûtenir tes foudroyans regards :
Je suis tout ébloui de leur vive lumiére ;
Et je croi voir tes feux fondre de toutes parts.

VER-

VERSET. II.

*Amici mei, & proximi mei adverſum me apropinqua
verunt, & ſteterunt.*

VERSION.

Mes Amis & mes Proches m'ont abondonné, ou ſe
font ſoûlevez contre moi.

REFLEXION.

*Rien n'eſt de plus ſenſible que de ſe voir abandonné
& outragé de ſes propres Amis ; on ne peut s'en
conſoler qu'avec Dieu.*

SONNET.

MEs Amis ſoûlevez contre mon diadême
Ont voulu m'arracher le Sceptre de la main :
Sans reſpecter en moi la ſainteté du crême
Ils ont inſolenment proſcrit leur Souverain.

Mes ingrats Alliez , juſqu'à mes Enfans même
M'ont prouvé la fureur de leur cœur inhumain ;
Et leur rebellion par une audace extrême
A couronné mon Fils, que j'implorois en vain.

Mes Sujets revoltez , mes propres Domeſtiques
Ont voulu ſeconder ſes projets tyraniques ,
Et tous ces furieux ont pourſuivi leur Roi.

Ils m'ont oſé livrer de ſanglantes batailles
Où Dieu leur a creuſé d'affreuſes funerailles,
Et fait voir ſa rigueur à qui manque de Foi.

C 2

VER-

VERSET. 12.

Et qui juxta me erant de longe stétérunt ; & vim faciebant qui quærebant animam meam.

VERSION.

Ceux qui étoient auprès de moi s'en sont éloignez ; & tous ont usé de la derniere violence pour m'arracher la vie.

REFLEXION.

Dieu permet l'abandonnement de nos Proches, & l'ingratitude même de nos propres Enfans pour nous forcer d'avoir recours à lui , & reconnoître que lui seul est nôtre veritable Ami.

SONNET.

TOut deserte, tout fuit, mon Peuple m'abandonne ;
Mes intimes Amis me regardent de loin ;
Mes meilleurs Serviteurs, l'apui de ma Couronne
M'ont aussi delaissé dans ce pressant besoin.

Un crime si criant m'intimide & m'étonne :
Grand Dieu vangeur des Rois je t'appelle à témoin,
Je suis prêt à mourir si ta rigueur l'ordonne ;
Mais toûjours de David ton amour prit le soin.

Deffens-moi ; vange-moi : tu vois leur insolence :
Des Fils denaturez tu hais la violence :
Ouvre les yeux du mien ; qu'il quite ses projets.

Vois les cruels efforts dont on outre mon ame ;
Laisses-tu triompher ces indignes Sujets,
Qui poursuivent mes jours par le fer & la flame ?

VER.

VERSET 13.

Et qui inquirebant mala mihi locuti sunt vanitates ; & dolos tota die meditabantur.

VERSION.

Ces Méchans qui méditoient ma ruine, m'outrageoient de paroles injurieuses, & cherchoient tous les jours les moyens de me perdre.

REFLEXION.

L'outrage d'une calomnie outrée qui nous est si sensible, doit nous servir à peser quel a été l'amour de Jésus Christ envers nous, qui a essuyé les blasphêmes des Pécheurs soûlevez contre lui, avec une patience admirable, pour nous servir d'éxemple.

SONNET.

PEut-on pousser plus loin l'indigne cruauté ?
La noire ingratitude est la mére du vice :
Mes perfides Sujets, oubliant ma bonté,
Ont joint à leurs complots le plus lâche artifice.

Leurs propos outrageans bravoient la Royauté;
De leurs Projets mutins l'Enfer étoit complice :
Leur ame déloyale en faisoit vanité,
Unissant au blasphême une insigne malice.

Ils méditoient la nuit ce qu'ils feroient le jour
Pour accabler leur Roi, me perdre sans retour:
De son zèle indiscret chacun se faisoit gloire.

Ils cousoient le Renard à la peau du Lion,
Pour attaquer ma vie & ternir ma mémoire;
L'habit de la Vertu couvroit l'ambition.

C 3

VER-

VERSET 14.

Ego autem tanquam surdus non audiebam, & sicut mutus non aperiens os suum.

VERSION.

Je ne les écoutois cependant pas plus que si j'avois été sourd, & je ne leur répondois pas plus que si j'avois été muet.

REFLEXION.

Pour ouvrir son cœur à Dieu, il faut le fermer au monde.

SONNET.

DEs revers si cuisans me font haïr le monde ;
Je ferme mon oreille à tant de vains discours :
J'erres proscrit, chassé, comme une bête immonde ;
De mes cruels Sujets j'abhorre les détours.

C'est en toi seul, Seigneur, que mon espoir se fonde ;
Je n'écoute que toi ; tu m'écoutes toûjours :
Regarde mon silence, & ma douleur profonde,
Deffends ton Serviteur au déclin de ses jours.

Pour répondre à leurs cris je n'ouvre pas la bouche ;
Le tourment qui m'abat me rend comme une souche ;
Sans leur dire un seul mot je souffre leur fureur.

Grand Dieu, qui seul m'entens, confond ces misérables ;
Qu'ils séchent de dépit en voyant ma douceur,
Et qu'ils soient abaissez sous tes coups redoutables.

VER-

VERSET 15.

Et factus fum ficut homo non audiens, & non habens in ore fuo redargutiones.

VERSION.

Je fuis refté devant eux comme fourd, & comme un muet, qui ne pouvoit fe deffendre de leurs calomnies.

REFLEXION.

Notre filence & notre douceur éteignent le cour-roux de nos Ennemis.

SONNET.

CEs Sujets mutinez me croyent fourd & muet :
Je fouffre le venin de leur langue outrageante ;
Je rejette l'aigreur de leur cœur indifcret,
Et je méprife en paix leur bouche médifante.

Mon filence eft pour eux un rifible fujet ;
Car lors que je me tais je trompe leur attente :
Sans réponfe, à leurs yeux, je fuis un vil objet ;
Ils traitent de folie une douceur prudente.

Que voudrois-je répondre à d'infames propos ?
J'animerois leur rage, en troublant mon repos :
Il fuffit que mon Dieu voit mon cœur qui foûpire.

C'eft à lui feul auffi que s'adreffe ma voix ;
Je plains ces révoltez, je les laiffe médire,
Et béniffant le Ciel je fuporte ma croix.

VER-

VERSET 16.

Quoniam in te Domine speravi ; tu exaudies me , Domine Deus meus.

VERSION.

Seigneur , j'ai mis en vous mon espérance , & vous éxaucerez ma priére, ô mon Dieu !

REFLEXION.

Quiconque espére au Dieu vivant ne périra jamais.

SONNET.

TU me soûtiens, Seigneur, c'est en toi que j'es-
péře,
Ta bonté me promet le repos éternel :
Ta clémence toûjours surpassa ma misére,
Et ton sensible Amour fait grace au criminel.

Que peut-on redouter dans le sein d'un tel Pére?
Tu fis à mes Ayeux un serment solemnel :
Ta promesse est constante , & ton amour sincére;
Tu feras de mon Sang naître un Fils Immortel.

Tu me prêtès sans cesse une sensible oreille :
Quand je suis assoupi ta verge me réveille,
Et ta main me soûtient quand je suis abatu.

J'invoquerai ton Nom au fort de ma détresse;
Ce Nom relévera ma mourante vertu;
Et ton bras tout puissant apuira ma foiblesse.

VER-

VERSET 17.

Quia dixi: Nequando supergandeant mihi inimici mei; & dum commoventur pedes mei super me magna locuti sunt.

VERSION.

Je vous ai dit; Seigneur, ne souffrez pas que mes Ennemis puissent se glorifier de mes miseres; & que ma chute soit le sujet de leurs médisances.

REFLEXION.

La joye de nos Ennemis doit faire notre tristesse; non pas parce que cette joye nous outrage, mais parce qu'elle est le sujet de leur perte.

SONNET.

VOis un Prince accablé, penetré de douleur;
Je t'apelle à mon aide : un Peuple ingrat m'ou-
    trage :
Le vois-tu sans courroux ? le souffres-tu, Seigneur ?
Veux-tu m'abandonner à ses traits, à sa rage ?

L'indigne raillerie est jointe à sa fureur :
Ecoute ses complots, son insultant langage :
Permets-tu que l'opprobre oprime la Grandeur ?
Et pourrois-tu me voir reduit à l'esclavage ?

Tu me vois chancelant en bute à ses mépris :
Entens ses vains éclats, ses seditieux cris ;
Il se rit lâchement de ma lente vieillesse.

Il arme pour me perde & la Terre & l'Enfer :
Il m'accuse; il m'impose; il m'attaque; il me presse,
Et menace mes jours de la flame & du fer.

C 5

VER-

VERSET 18.

Quoniam ego in flagella paratus sum; & dolor meus in conspectu meo semper.

VERSION.

Me voila prêt à souffrir tous vos fleaux, ô mon Dieu! & la douleur que j'ai de mon péché m'accompagne par tout.

REFLEXION.

Les afflictions qui nous viennent de la part de Dieu, servent de baume à nos plaïes, quand nous en faisons un bon usage, & de poison à nôtre cœur, quand nous nous irritons contr'elles.

SONNET.

TU me vois prosterné sous ta main rigoureuse;
Je suis prêt à souffrir tout ce que tu voudras:
Mon crime t'est connu; sa suite est odieuse:
Le cruel Seducteur m'a surpris dans ses laqs.

J'abaisse devant toi ma tête douloureuse;
Frappe-la de ta verge & ne l'épargne pas;
En la frappant fais grace à mon ame peureuse,
Qui tremblante à tes pieds, se jette entre tes bras.

Tu sais mon repentir; tu connois mes alarmes;
Tu me vois jour & nuit répandre mille larmes:
Modére ton courroux, rapelle ta douceur.

Abaisse un peu les yeux sur l'horreur de ma vie
Ton cœur est trop sensible à ma vive douleur,
Pour vouloir à jamais me marquer d'infamie.

VER-

VERSET 19.

*Quoniam iniquitatem meam anunciabo, & cogitabo
pro peccato meo.*

VERSION.

Je vous avouë, ô mon Dieu, que j'ai commis de
grands crimes, & mon péché est toûjours présent à ma pensée.

REFLEXION.

*La penitence publique est nécessaire pour effacer un
crime public ; mais il faut la faire avec humilité
& sans ostentation.*

SONNET.

POur expier, Seigneur, mon crime avec éclat,
Je couvrirai ma tête & de sac & de cendre ;
L'on me verra jeûner, reformer mon Etat,
Et mes cris forceront ta rigueur à se rendre.

Israël fut témoin de mon noir attentat ;
Oui, je l'en fis rougir, quand j'osai l'entreprendre :
Mais frappé de mes maux, de l'horreur qui m'abat,
Mes pleurs l'édifiront, il m'en verra repandre.

D'une vive douleur l'on me saura touché ;
J'aurai devant les yeux l'excès de mon péché ;
Toûjours dans l'amertume, & dans l'inquiétude.

Quelle agitation que celle d'un Pécheur !
Sans cesse devant lui sa lâche ingratitude !
La nuit me peint l'Enfer, & le jour me fait peur.

VER-

VERSET 20.

Inimici autem mei vivunt, & confirmati sunt super me; & multiplicati sunt qui oderunt me inique.

VERSION.

Cependant mes Ennemis triomphent & se fortifient contre moi, & le nombre de ceux qui me haïssent s'augmente de jour en jour.

REFLEXION.

La Providence divine permet que l'impie prospere & que le juste soit affligé : l'un goûte ici des plaisirs qui passent légerément, pour gemir à jamais ; & l'autre souffre ici pendant le tems, pour être rassasié des plaisirs éternels.

SONNET.

Plus de Soleil pour moi ; plus d'Astres, plus
    d'Aurore :
Je vois mes Ennemis se plaire à me troubler,
Et rire ouvertement du feu qui me devore,
Et des tourmens affreux qui semblent m'accabler.

Ravis de ma douleur ; plus insolens encore
Leur audace les porte à me faire trembler
Me croïant delaissé du Seigneur que j'adore,
Vaillans de ma foiblesse, on les voit m'ébranler.

Le progrès de ces vains en augmente le nombre :
David est mort pour eux ; ils ne m'en croïent que
    l'ombre ;
Ils convoitent mon Trône ; ils en sont affamez.

Quoi ! déja leur fureur pense assouvir leur haine !
Redoutable Vangeur des Princes opprimez
Abaisse leur orgueil, & fais finir ma peine.

VER.

VERSET 21.

Qui retribuunt mala pro bonis detrahebant mihi, quoniam sequebar bonitatem.

VERSION.

Ceux qui rendent le mal pour le bien me diffamoient ouvertement, quoique je ne cherche que la paix & la douceur.

REFLEXION.

L'ingratitude est la mére de la calomnie, qui sort furieuse du sein de cette marâtre pour déchirer l'homme de bien.

SONNET.

UNe offense vangée est sans doute un grand mal:
Il ne faut jamais rendre injure pour injure.
Mais que dira l'ingrat devant ton Tribunal
Dont l'orgueil viola les Loix de la Nature ?

Indigne égarement ! aveuglement fatal !
Ceux que je cherissois de l'ardeur la plus pure.
M'ont lâchement trahi pour suivre mon Rival,
Et faisoient de mon Régne une horrible peinture.

Tu les as vû, Seigneur, médire ouvertement ;
Dechirer leur Monarque avec emportement,
Et fouler sous leurs pieds l'honneur du diadême.

Cependant qu'ai-je fait pour m'attirer ces coups ?
Toûjours je les aimai d'une tendresse extrême.
Est-ce un crime, grand Dieu ! que d'être affable &
   doux.   VER-

VERSET 2.

Ne derclinquas me, Domine Deus meus, ne difcefferis à me.

VERSION.

O Seigneur! ô mon Dieu! ne m'abandonnez pas;
ne vous éloignez pas de moi.

REFLEXION.

*Si Dieu abandonnoit l'homme le plus jufte, il feroit
capable de devenir le plus grand félerat du monde : mais le Ciel & la Terre periront plûtôt que
Dieu laiffe perir un homme de bien.*

SONNET.

QUe vais-je devenir fi le Ciel m'abandonne?
Si le Dieu que je fers veut retirer fa main?
Je verrai mes Sujets m'arracher la Couronne;
J'errerai depouillé du bandeau fouverain.

Montre-toi donc, Seigneur; éclaire, éclate, tonne;
Fais gronder tes carreaux fur ce Peuple inhumain :
Viens vîte à mon fecours, car leur fureur m'étonne:
Si tu me laiffes feul, je m'égare foudain.

Que peut craindre celui que tu mets fous ta garde?
Je fuis en fûreté quand ton œil me regarde :
Souffre donc que mon cœur fe jette entre tes bras.

Qui pourroit l'allarmer à couvert fous ton aîle?
Fomente fon ardeur, ne le delaiffe pas,
Et fais que fon amour te foit toûjours fidèle.

VER•

VERSET 23.

Intende in adjutorium meum, Domine Deus salutis meæ.

VERSION.

Venez promptement à mon secours, mon Seigneur
& mon Dieu, puisque vous êtes mon Salut.

REFLEXION.

*Quand nous sommes accablez de douleur, appellons
Dieu à nôtre secours ; & bientôt nous verrons
convertir nos épines en roses.*

SONNET.

FAis siffler tous les traits de ton brillant Carquois ;
D'un Peuple furieux viens reprimer l'audace :
Quoi ! n'es-tu pas l'Apui, le Protecteur des Rois ?
Vange un Pére outragé d'un Fils qui le menace.

Il étouffe l'amour ; il méprise tes Loix
Pour me ravir le Sceptre & régner en ma place :
Attendrois-tu, Seigneur, que je fusse aux abois,
Pour me prêter ton bras, & me montrer ta face ?

Ecoute mes soûpirs ; prête-moi ton secours ;
Fais luire le Soleil qui conserve mes jours ;
J'adore sa grandeur, que je sente sa flame.

Viens pénétrer mon sein de tes divins raïons ;
Viens échauffer mon cœur ; viens consoler mon ame ;
Et benis en mon sang toutes les Nations.

PSEAU-

PSEAUME LI. ℣. 1.

Miserere mei, Deus, secundum magnam misericordiam tuam.

VERSION.

Mon Dieu aïez pitié de moi, & faites-moi ressentir la grandeur de vôtre miséricorde.

REFLEXION.

*Dieu qui connoit nôtre fragilité, y compatit; & sa
miséricorde supplée à nôtre foiblesse, quand nous
voulons avoir recours a lui.*

SONNET.

Toi dont l'artiste main forma l'homme de terre
Après avoir pour lui fabriqué l'Univers,
Grand Dieu qui me connois plus fragile qu'un verre
Ecoute mes soûpirs ; viens détacher mes fers.

Faut-il pour m'écraser emploïer ton tonnerre,
Quand pour m'anéantir c'est trop de tes éclairs ?
Et voudrois-tu, Seigneur, pour me faire la Guerre
Laisser tomber les Cieux, ou soûlever les Mers?

Grace, grace au Pécheur dont tu sais la foiblesse ;
Exerce ta bonté ; regarde ma bassesse ;
Vois mon cœur abatu qui te parle pour moi.

A tes pieds prosterné j'implore ta Clemence :
Que ta miséricorde, en faveur de ma Foi,
Etouffe dans mes pleurs les feux de ta vangeance.

VERSET 2.

Et secundum multitudinem miserationum tuarum dele iniquitatem meam.

VERSION.

Et par l'immensité de vos graces effacez mon iniquité.

REFLEXION.

La difformité du peché est affreuse, mais la misericorde de Dieu est infinie.

SONNET.

TA charité, Seigneur, se plaît à pardonner ;
Tu frappes à regret ; tu fais grace avec joïe :
Voudrois-tu me punir ! pourrois-tu l'ordonner,
Quand je fais mes efforts pour rentrer dans ta voye ?

Ta justice est terrible & doit nous étonner,
Mais ta misericorde envers nous se deploïe ;
Ton amour infini cherche à nous la donner ;
Je la demande, ô Dieu ! que ton cœur me l'octroïe.

Viens signer mon pardon ; efface mon peché :
De mes pressans soûpirs que mon Dieu soit touché ;
Regarde ma douleur ; montre ta patience.

Ta sensible bonté surpasse nos forfaits ;
Elle est inconcevable, inepuisable, immense :
Appaise ton courroux, & m'accorde la paix.

D

VER-

VERSET 3.

Amplius lava me ab iniquitate mea, & à peccato meo munda me.

VERSION.

Lavez-moi de plus en plus de mon iniquité & puri-fiez-moi de mon peché.

REFLEXION.

La mortification a suivi le peché, & ne fut impo-sée au premier homme que pour expier son crime; ce sera l'apanage de ses malheureux Enfans jus-qu'a la fin des Siecles.

SONNET.

MEs yeux se sont changez en deux sources de lar-
    mes,
Dont le jet penetrant s'elance jusqu'aux Cieux:
Ah! puis que les sanglots ont pour toi tant de char-
    mes,
Fais exhaler mon cœur en soupirs precieux.

Redouble mes transports; mais calme mes alarmes;
Lave, lave, mon Dieu, mes forfaits odieux:
Heureux! si ma douleur faisoit tomber tes armes,
Et pouvoit rappeller la douceur dans tes yeux.

Tous mes pleurs ne sauroient combler l'affreux
    abime,
Il me faut d'autres eaux pour effacer mon crime;
Sans celle de ta grace, ah! qu'est-ce que ces pleurs?

Ocean de bonté, Misericorde immense
Fais couler tes torrens; plonges-y mes erreurs,
Et redonne à mon cœur sa premiere innocence.

VER.

VERSET 4.

Quoniam iniquitatem meam ego cognosco ; & peccatum meum contra me est semper.

VERSION.

Parce que je reconnois mon iniquité, & que mon péché m'est toûjours présent.

REFLEXION.

Peut - on dormir tranquilement entre les bras du crime ?

SONNET.

JE connois mon péché; j'abhorre sa laideur:
Mon crime me poursuit ainsi qu'une furie;
Il me montre sans cesse un Dieu plein de rigueur,
Et trouble jour & nuit le repos de ma vie.

Fatal, cruel poison qui cangrénes mon cœur,
Qui repands dans mon sang une flame ennemie,
Que ne puis-je vomir ta violente aigreur !
Ah ! qu'un juste est heureux ! qu'il est digne d'envie !

Malheureux ! quai-je fait en outrageant le Ciel !
Un frivole plaisir m'a rendu criminel ;
J'ai toûjours devant moi l'horreur de mon offense.

Je croi toûjours entendre en l'air mille carreaux !
Toûjours devant mes yeux ma lâche violence !
Oui son seul souvenir m'est plus que cent bourreaux.

VERSET 5.

Tibi soli peccavi, & malum coram te feci; ut justificeris in sermonibus tuis, & vincas cum judicaris.

VERSION.

J'ai péché contre vous seul, & j'ai commis devant vos yeux tout le mal dont je me sens coupable : vous êtes juste dans vos jugemens, & vous seul n'êtes jugé de personne.

REFLEXION.

L'injure que l'on fait à son prochain est grande, mais elle devient terrible étant portée devant le redoutable tribunal de Dieu, qui juge tout à la rigueur, quand on ne fait pas le fléchir par la pénitence.

SONNET.

AH! quoique mon Ami soit tombé sous ma rage
Que j'aye avec fureur ensanglanté ma main;
Et que mon cœur perfide, enyvré de carnage,
Ait joint un adultere à cet acte inhumain.

C'est à toi seul, Seigneur, que j'ai fait un outrage;
Pour pécher à tes yeux ce cœur fut assez vain,
Et pendant que ses feux forgeoient mon esclavage
Il attiroit sur moi les feux du Souverain.

Tu promets de vanger jusqu'à la moindre injure :
Mais la mienne est l'horreur de toute la nature :
Que deviendrai-je, helas ! devant ton Tribunal?

Là tout est consterné, tout tremble, tout frissonne
Tu couronnes le bien, & tu punis le mal;
Et toi seul, ô Grand Dieu, n'est jugé de personne.

VER.

VERSET 6.

Ecce enim in iniquitatibus conceptus sum, & in peccatis concepit me mater mea.

VERSION.

J'ai été conçu dans l'iniquité ; & ma Mére m'a engendré dans le péché.

REFLEXION.

Nous naissons dans le péché; nous en sommes purifiez par la grace de Dieu, guarantis par sa misericorde, & delivrez par son amour.

SONNET.

PEtri du vieux levain de nos premiers Parens
Je suis sorti pécheur du ventre de ma Mére ;
La racine du mal est cruë avec mes ans ;
C'est le pepin du fruit que goûta nôtre Pére.

Ses Fils l'ont fait germer par leurs égaremens :
Ses branches ont couvert la Terre toute entiére :
Enté sur ce dur tronc j'ai fleuri dans mon tems ;
Mais j'ai donné des fruits d'une odeur bien amere.

La séve de ma tige a corrompu mes mœurs :
Des vents impetueux ont fait tomber mes fleurs,
Depouillé mes rameaux de leur riche parure.

Je suis aux yeux de tous un arbre desseché :
L'ente ingrate a suivi sa fatale nature ;
C'est une greffe d'Eve, où meurit le péché.

VER-

VERSET 7.

Ecce enim veritatem dilexisti : incerta & occulta sapientiæ tuæ manifestati mihi.

VERSION.

Vous êtes, & vous aimez la verité : & votre bonté m'a decouvert les choses les plus cachées de sa sagesse.

REFLEXION.

La verité est la fille de Dieu : il enrichit ceux qui l'épousent.

SONNET.

OUi ; tout homme est menteur, Toi seul est vé-
ritable :
Ton cœur juste & sincére aime la vérité ;
Tu soufflas dans le mien cette douceur affable,
Qui m'a fait marcher droit devant ta Majesté.

Ton amour triomphant m'a rendu redoutable :
Qu'étois-je sans ta main ? l'ingrate infirmité,
Un ver rempant & vil, un foible insuportable,
Et ta seule faveur a fait ma dignité.

Tu m'as fait de tes Loix le fidèle Interprette ;
Tu voulus que David fut aussi ton Prophéte,
Et tu l'as revétu de la pourpre des Rois.

Ton Esprit me dicta tes suprêmes Oracles ;
Par toi mon bras a fait mille vaillans exploits,
Et ta Sagesse en moi fut feconde en miracles.

VER-

VERSET 8.

Asperges me hyssopo, & mundabor; lavabis me &
super nivem dealbabor.

VERSION.

Vous m'arroserez avec l'hyssope, & je serai purifié; vous me laverez, & je deviendrai plus blanc
que la neige.

REFLEXION.

Quand nous avons noirci nôtre cœur dans l'horreur
du vice, il faut le blanchir dans les eaux de la
penitence.

SONNET.

QU'ai-je fait malheureux! devant toi j'ai péché;
Je ne puis t'appaiser que par la penitence:
De l'abime profond où je suis trebuché
Je te reclame ô Dieu! j'implore ta clemence.

Efface in crime affreux dont tu me vois taché;
De tes salubres eaux fais couler l'abondance;
Arrose de ta grace un arbre desséché,
Pour y faire germer les fruits de l'innocence.

Perds jusqu'au souvenir de mon iniquité;
Dans un torrent amer plonge ma dureté;
Lave, lave le sang de ma main sacrilége.

Si ton amour vainqueur veut noïer mes forfaits
Mon cœur purifié jouïra de ta paix,
Et mes pleurs le rendront plus brillant que la neige.

D 4　　　　　　　　　VER-

VERSET 9.

Auditui meo dabis gaudium & lætitiam & exultabunt ossa humiliata

VERSION.

Faites moi entendre la voix interieure de vôtre S. Esprit qui me comblera de joye, & mon ancienne vigueur coulera dans mes os.

REFLEXION.

Il n'y a pas de joye comparable à celle d'un pécheur qui rentre en grace avec Dieu ; il sort de l'Enfer pour voler au Ciel ; il change une peine éternelle avec un bien infini.

SONNET.

TA voix, ta douce voix me fera tressaillir ;
Son harmonieux son flatera mon oreille,
Pardonnant un forfait dont j'osai me salir :
Quelle heureuse nouvelle ! en est-il de pareille ?

L'horreur de mon péché me força de palir ;
Elle assoupit mes sens ; ta grace les reveille :
La nuit va disparoître, & le jour s'embellir ;
Je vois déja briller une Aurore vermeille.

J'aperçois les raïons de ton front glorieux
Qui penétrent mon cœur, en desillant mes yeux ;
Mes os humiliez vont reprende leur force.

Tes flames vont couler dans ce cœur abattu ;
Je sens avec plaisir leur ravissante amorce
Qui me rend ton amour, me rendant ma vertu.

VERSET 10.

Averte faciem tuam à peccatis meis , & omnes iniquitates meus dele.

VERSION.

Détournez vos yeux de mes pechez , & effacez toutes mes iniquitez.

REFLEXION.

Les yeux de Dieu sont comme deux miroirs brillans
& purs, que le moindre péché couvre de nuages,
qui ne se dissipent qu'à force de larmes.

SONNET.

SOus le poids du péché mon ame confonduë
Tremble aux brillans éclairs de ton œil redouté ;
Detourne ces regards dont la rigueur la tuë ;
Montre lui ta douceur dans leur sérénité.

A force de gemir tu la vois abatuë ;
Rapelle sur ton front ton auguste bonté :
Tu l'as toûjours cherie ; un crime l'a perduë :
Que ta grace succéde à ta sévérité.

Jette donc dans l'oubli ma lâche ingratitude ;
Delivre mon esprit de son inquiétude ;
Fais moi voir mes forfaits rayez de tes cahiers.

Que mes larmes, Seigneur, apaisent ta colére :
Je proteste de suivre à jamais tes sentiers ;
Sauve un Fils qui se jette aux pieds d'un tendre Pére.

D 5

VER-

VERSET II.

Cor mundum crea in me, Deus, & spiritum rectum innova in visceribus meis.

VERSION.

O Dieu ! créez en moi un cœur pur, & donnez moi des entrailles de charité, & un esprit de droiture.

REFLEXION.

Quelle joïe pour un cœur qui purifié dans les eaux d'une salutaire penitence, retournè sincérement à Dieu ! la Vérité Eternelle affirme que le Ciel fait une fête solemnelle de sa conversion.

SONNET.

MOn cœur est corrompu, rend le fidelle & pur,
Seigneur, pénétre le des traits de ta Sagesse;
Il est injuste, & vain, il est méchant & dur,
Rend le juste, humble, & bon, remplis-le de tendresse.

Regarde l'épaisseur, la hauteur de ce mur,
Qu'éleva contre toi son impure mollesse :
Lance un dard enflamé de ton trône d'azur,
Renverse son orgueil, & mine sa bassesse.

Tu le vois languissant, échauffe sa tiedeur ;
Repands y ton amour, ta ravissante ardeur ;
Fais-y régner la paix, la candeur, la droiture.

Embrase le des feux de ton divin Esprit ;
Forme le pour Exemple à la race future,
Et porte dans ce cœur le germe de ton CHRIST.

VER-

VERSET 12.

Ne projicias me à facie tua, & Spiritum Sanctum tuum ne auferas à me.

VERSION.

Ne me rejettez pas de devant vous, & ne retirez pas de moi vôtre divin Esprit.

REFLEXION.

Il n'y a point de malheur comparable à celui qui nous fait perdre la grace de Dieu.

SONNET.

JE me sens penetré d'une douleur profonde ;
En bute à ta rigueur tu vois un criminel,
Odieux, meprisé comme une bête immonde ;
Qui n'ose en soupirant lever les yeux au Ciel.

Quoi ! verrai-je toûjours mon ame vagabonde
Errer dans ses replis, loin de l'Etre immortel ?
Ton courroux voudroit il la proscrire du monde,
Et m'ôter la douceur d'adorer l'Eternel ?

Devoile toi, Seigneur, montre moi ton visage ;
Ranime ma vertu, releve mon courage,
Et ne me sévre plus de ton charmant amour.

Que ton divin Esprit m'embrase de sa flame ;
Si tu m'en veux priver, arrache moi du jour ;
Ou rends moi ta faveur, ou coupe enfin ma trame.

VER

VERSET 13.

Redde mihi lætitiam Salutaris tui, & Spiritu princi-
pali confirma me.

VERSION.

Accordez moi vôtre secours salutaire, & fortifiez
moi par vôtre Esprit souverain.

REFLEXION.

Quand on egare son esprit dans le tumulte du mon-
de, on ne peut le retrouver que dans la retraite, le
silence, & la Paix.

SONNET.

Viens radresser mes pas aux sentiers du salut;
Fais moi cherir tes Loix, & suivre leur droiture:
Si du Ciel mon peché me rendit le rebut,
Je veux rentrer en grace & pleurer cette injure.

Oublie un dur affront que ton amour reçût;
Redonne moi la joïe où nage une ame pure:
Mon cœur étoit brillant au moment qu'il dechut;
Rends lui son vif éclat, & gueris sa blessure.

Redresse mon esprit, rappelle sa Vertu;
Tu le vois languissant, morne, triste, abatu;
Reveilles sa langueur par l'espoir de ta gloire.

Qu'il s'arache à la chair pour voler vers les Cieux;
Fais lui sur son penchant remporter la victoire:
Son triomphe est certain, s'il combat sous tes yeux.
VER-

VERSET 14.

Docebo iniquos vias tuas, & impii ad te convertentur.

VERSION.

J'enseignerai vos voïes aux méchans ; & les impies se convertiront à vous.

REFLEXION.

Les meilleures leçons que nous pouvons donner à notre Prochain, c'est le bon éxemple ; le méchant se convertit en étudiant l'Homme de bien.

SONNET.

DU pécheur endurci je limerai la chaîne ;
Je lui découvrirai son déplorable état ;
Je le ferai trembler à l'aspect de ta haine ;
De tes affreux carreaux je lui peindrai l'éclat.

Ah ! qu'est ce que sa joye ? elle est trompeuse &
   vaine,
Elle cache sa mort sous un apas ingrat :
Je lui ferai sentir quelle en sera la peine,
Et concevoir l'horreur de son lâche attentat.

Je guiderai ses pas au chemin de la vie ;
Il verra la beauté de ta Gloire infinie ;
Il brûlera d'ardeur au pied de tes Autels.

Sur son ingratitude il versera des larmes ;
Il brisera ses fers par des vœux solemnels,
Et tu lui feras grace, en voyant ses alarmes.

VER-

VERSET 15.

Libera me de sanguinibus Deus! Deus salutis meæ, & exul-
tabit lingua mea justitiam tuam.

VERSION.

O mon Dieu! le Dieu de mon salut, lavez moi
du sang que j'ai repandu; & ma langue avec
joye publira vôtre justice.

REFLEXION.

Dieu est le juste vangeur du sang répàndu; & il assu-
re lui même que, qui frapera de l'épée, perira par
l'épée : qu'elle est terrible cette redoutable épée!

SONNET.

GRand Dieu? dont l'œil perçant lit au fond de
      nos cœurs
Et qui vois dans le mien l'horreur qui le tourmente;
Fais lui vomir le sang qui cause ses douleurs,
Et dans tes pures eaux lave ma main sanglante.

Oui tu fus le temoin de mes noires fureurs ;
Mais vois pour t'apaiser mon ame penitente;
Elle change mes yeux en deux sources de pleurs,
Et demeure à tes pieds pâmée & languissante.

Jette donc dans l'oubli mes crimes éclatans ;
J'exalterai ton Nom par des chants triomphans;
Je publirai par tout ta suprême Justice.

Je peindrai de tes traits le ravissant pouvoir;
Et par ton tendre amour rentré dans mon devoir
Je benirai la main qui m'a tiré du vice.

VER-

VERSET 16.

Domine labia mea aperies, & os meum anuntiabit laudem tuam.

VERSION.

Seigneur vous ouvrirez mes lévres, & ma bouche anoncera votre louange.

REFLEXION.

Dieu ne nous a donné la voix que pour le glorifier, & bien souvent nous l'emploions à l'outrager.

SONNET.

ANime mon esprit des feux de ton amour;
Rend ma veine feconde; échauffe ma mémoire;
A mes Vers languiffans accorde un nouveau tour;
Et ma plume avec art chantera ta Victoire.

Ton Roi fera ravi d'en réjouïr fa Cour;
Le Peuple à les chanter mettra toute fa gloire:
J'y peindrai, les attraits de ton brillant féjour
Et ton Sceptre de fer, ou ton Sceptre d'yvoire.

Ma harpe harmonieufe accompagnant ma voix
Fera tout retentir de tes fameux exploits;
On entendra par tout entonner tes louanges.

Mes Cantiques facrez voleront jufqu'aux Cieux:
Nos Concerts s'uniront aux faints Concerts des An-
ges,
Et feront admirez de nos derniers Neveux.

VER-

VERSET 17.

Quoniam si voluisses sacrificium dedissem utique : holocaustis non delectaberis.

VERSION.

Si vous aviez voulu un sacrifice, je vous l'eusse offert; les holocaustes sanglans ne vous sont point agréables.

REFLEXION.

Nos larmes sont un agréable sacrifice à Dieu ; & il n'y a point d'encens qui lui semble de si bonne odeur que nos priéres.

SONNET.

Que pourrois-je, Seigneur, te donner pour offrande :
De l'or ? du sang ? du vin ? des parfums ? de l'encens ?
L'or de la charité ; ton amour le commande ;
Tu veux un sang purgé de ses égaremens.

Un vin rempli de feu, ta soif nous le demande ;
Les parfums de nos vœux sont pour toi tous charmans ;
Et l'encens qui te plaît, c'est un cœur qui s'amende :
Voila pour te gagner de precieux presens.

L'éfusion du sang ne peut te satisfaire ,
A moins que l'on n'y mêle un zèle tout sincere :
Le don brille à tes yeux , quand on y joint le cœur.

Que peut-on te donner, quand tout vient de ta grace :
Le feu du sacrifice est éteint par la glace ;
L'holocauste sans flame excite ta fureur.

VE R.

VERSET. 18.

Sacrificium Deo ſpiritus contribulatus: cor contritum &
humiliatum , Deus , non deſpicies.

VERSION.

Un eſprit pénétré de douleur eſt un agréable ſacrifice à Dieu : ô Dieu ! vous ne mepriſez pas
le cœur briſé & humilié.

REFLEXION.

Les cœurs écraſez ſous le marteau de la penitence ,
& détrempez dans les larmes ameres , ſeront le
ciment de l'éternelle Cité.

SONNET.

L'On t'appaiſe , Seigneur , par plus d'un ſacrifice;
Mais le plus agréable à tes yeux , à ton cœur
C'eſt l'humble Penitent qui déteſte le vice,
Et dont l'abaiſſement releve la douleur.

De ſes feux ſon eſprit fut l'injuſte complice ;
Pénétré de regret il en a de l'horreur :
Ton amour ſur ſes cris jette un regard propice,
Et ſes pleurs ont pour prix ta charmante douceur.

Un cœur contrit , briſé , tout pénétré de crainte ,
Percé de traits aigus , fait entendre ſa plainte ;
Ton oreille attentive écoute ſes ſanglots.

Au moment qu'il ſe croit perdu par la tempête,
Qu'il t'invoque en tremblant du plus profond des
    flots
Ta bonté lui fait grace, & le Ciel in fait fête.

E

VERſ

VERSET 19.

Benigne fac, Domine, in bona voluntate tua Sion, ut edificentur muri Jerusalem.

VERSION.

Seigneur accordez vôtre faveur à Sion ; & commandez que les murs de vôtre Jerusalem soient inebranlables.

REFLEXION.

Les Empires qui sont fondez sur l'injustice ne peuvent subsister ; il n'y a que ceux dont Dieu pose les fondemens qui soient stables.

SONNET.

EN faveur de Sion écoute mes souhaits :
Que son Peuple, Seigneur, te soit toûjours fidelle ;
Que ses Rois triomphans secondent tes projets ;
Que leur cœur à tes Loix ne soit jamais rebelle.

Qu'Israël jusqu'au Gange étende ses progrès ;
Que ton Esprit échauffe & soûtienne son zèle
Qu'il le rende invincible en guerre comme en paix,
Et qu'il comble ses Chefs d'une gloire immortelle.

Que de Jerusalem les superbes rempars
Soient toûjours arborez de tes saints étendars,
Et que l'Ennemi tremble à l'aspect de ses Portes.

Que son Dieu soit la base & l'apui de ses Tours,
Que sa divine ardeur anime ses Cohortes,
Et qu'il y soit loué jusques aux derniers jours.

V E R-

VERSET 20.

Tunc acceptabis sacrificium justitiæ, oblationes & holocausta: tunc imponent super altare tuum vitulos.

VERSION.

Alors vous agréerez le sacrifice de justice, nos oblations, & nos helocaustes : & l'on offrira des Veaux sur vos Autels.

REFLEXION.

Le culte de Dieu est la baze de toutes les Citez : Dieu porte dans sa main ceux qui le portent dans leur cœur.

SONNET.

QUe ses Prêtres zèlez t'immolent des victimes ;
Qu'un sang immaculé coule sur tes Autels ;
Qu'ils t'égorgent des Boucs pour expier les crimes ;
Que tous les jours pour eux soient des jours so-
lemnels.

Qu'on y mange avec fruit le Pain pur des azimes
En mémoire, Seigneur, de tes faits immortels :
Conserve sous ta main tes Enfans légitimes ;
Couronne tes Elûs ; pardonne aux Criminels.

Nos vœux seront mêlez avec nos sacrifices ;
Lors on verra tomber Taureaux, Beliers, Genices,
Et le Peuple bénir le feu mistérieux.

Mes Cantiques sacrez brilleront dans ton Temple,
On y fera brûler un encens précieux,
Et l'on verra Sion servir à tous d'éxemple.

PSEAUME CII. ℣. 1.

Domine exaudi orationem meam, & clamor meus ad te veniat.

VERSION.

Seigneur, écoutez ma Priére, & souffrez que ma voix aille jusques à vous.

REFLEXION.

Quand nous prions, nous parlons à Dieu ; quand nous lisons, il parle à nous ; c'est pourquoi prions avec ferveur, & écoutons dans un profond silence.

SONNET.

QUand je léve les yeux vers ces pompeux lambris
Où brille la Grandeur du Monarque adorable,
J'y trouve la Beauté dont je me sens épris,
Et ma tendre Oraison me le rend favorable.

J'y vois de mon amour l'espérance & le prix :
Pour appaiser, Seigneur, ton courroux redoutable,
Je joins avec mes vœux, mes larmes & mes cris ;
Prête-leur une oreille & prompte & charitable.

Ecoute mes soûpirs ; reçois mes vifs élans ;
Pourrai-je te fléchir par mes gémissemens :
Toûjours le cœur contrit mérita ta tendresse.

Le mien est pénétré d'une amére douleur,
Et prêt à succomber sous le poids qui l'oppresse ;
Viens donc le soulager, & l'embraser d'ardeur.

VER-

VERSET 2.

Non avertas faciem tuam à me ; in quacunque die tribulor , inclina ad me aurem tuam.

VERSION.

Ne détournez point vos yeux de deſſus ma miſére, & quand je ſuis dans l'affliction prêtez l'oreille à ma priére.

REFLEXION.

Dieu eſt plus ſenſible à nos douleurs que nous-mêmes ; il n'en échape pas une à ſa pénétration ; & ſi nous les recevons comme venant de ſa main , cette même main changera toutes nos épines en roſes , qui ne ſe flêtriront jamais.

SONNET.

JE fais tous mes efforts pour gagner le rivage
De tes yeux menaçans modére la rigueur ;
De ton front courroucé dévoile le nuage ;
De ſa ſérénité fais-moi voir la douceur.

Je ſuis batu des vents, fais ceſſer cet orage ;
Fais rentrer aux Enfers leur rage & leur fureur ;
Pouſſe-moi dans le Port ; reléve mon courage,
Et contre tant de Flots viens raſſurer mon cœur.

Vois les brillans éclairs qui menacent ma tête ;
Les tourbillons épais qui forment la tempête
Qui voudroit m'écraſer ſous ſes bruyans éclats.

Prête à mes cris perçans une oreille attentive ;
Diſſipe mon effroi par l'effort de ton bras,
Et redonne le calme à mon ame craintive.

E 3

VER-

VERSET 3.

In quacunque die invocavero te, velociter exaudi me.

VERSION.

En quelque tems que je vous invoque, éxaucez-moi promptement.

REFLEXION.

Un seul soûpir peut faire avorter la foudre qui gronde sur notre tête : l'oreille de Dieu est plus sensible, que sa main n'est prompte.

SONNET.

C'Est toi qui me soûtiens quand je suis aux abois,
Tu viens me secourir si-tôt que je t'appelle :
Ecoute mes sanglots, les éclats de ma voix ;
Prête-leur une oreille, & tendre & paternelle.

Eclaire mon esprit, fais-lui suivre tes Loix ;
Daigne guider mes pas dans la route éternelle,
Toi qui tiens dans ta main le cœur de tous les Rois,
Rend le mien ingénu, pur, sincére, & fidèle.

Que ton Amour lui donne un sûr & prompt
    secours,
Bannis-en la rigueur, la ruse, & les détours,
Remplis-le de bonté, de candeur, de droiture.

Rends la force, Seigneur, à ce cœur abatu,
De mes preslans besoins je te fais la peinture,
Fais revivre, mon Dieu, ma mourante vertu.

VER-

VERSET 4.

Quia defecerunt sicut fumus dies mei ; & offa mea sicut cremium aruerunt.

VERSION.

Mes jours paflent comme la fumée, & mes os se confument comme un tifon dans le feu.

REFLEXION.

Nos jours paffent comme l'ombre du cadran : une heure perduë ne fe peut jamais rapeller : hélas ! il nous faudra rendre compte de la moindre minute.

SONNET.

MEs jours font écoulez, ma force eft confumée ;
Mon ame va toucher au moment dangereux ;
Mes plaifirs font paffez ainfi que la fumée,
Qui fortant du foïer fe derobe à nos yeux.

Du bois qui la produit la fubftance enflamée
Rejouït un inftant & fait briller fes feux :
Que fuis-je miférable ! une cendre animée,
Un refte de charbon, un rofeau fec & creux.

Accablé fous le poids d'une infirme vieilleffe,
Je regrette les jours de ma folle jeuneffe;
Le tems que j'ai perdu ne fe peut rapeller.

Sous le fardeau des ans en vain je me ranime ;
Mes os font deffechez, je me fens chanceler.
Et prêt à trebucher agravé fous le crime.

E 4   VER-

V E R S E T 5.

Percuſſus ſum ut fœnum, & aruit cor meum; quia oblitus ſum comedere panem meum.

V E R S I O N.

Je reſſemble au foin coupé par la faulx, mon cœur eſt deſſeché, parce que j'ai négligé de prendre ma nouriture ordinaire.

R E F L E X I O N.

La fleur qui brille au matin, ſe fanne le ſoir, un cœur qui n'eſt pas imbibé des eaux de la grace devient aride & ſec, & enfin quand il n'y a plus d'eſperance qu'il porte du fruit, on le jette au feu.

S O N N E T.

ON fume une prairie, on l'engraiſſe avec ſoin;
Son germe boit les pleurs de la feconde Aurore;
Mais la mortelle faulx change ſa fleur en foin,
Qui ſe fanne au Soleil qui l'avoit fait éclore.

Mes beaux jours ont fleuri; ton œil en fut temoin
Quand mon cœur meuriſſoit ſous l'Aſtre que j'adore;
Abreuvé de tes eaux, pourquoi cherchai-je au loin
Le poiſon dangereux du feu qni me devore.

L'enfer m'a fait trembler ſous ſes terribles traits,
Et mon cœur deſſéché, privé de tes bienfaits
Flêtrit loin de tes yeux, & n'attend que la flame.

Nourri d'un fiel amer je rebutai ton pain;
J'avalai l'aconit qui ſeduiſit mon ame,
Et je mangeai le fruit qui redoubla ma faim.

VER-

VERSET 6.

A voce gemitus mei adhæsit os meum carni meæ.

VERSION.

A force de gemir ma peau est collée sur mes os.

REFLEXION.

Le moyen de rapeller Dieu quand il s'est caché, c'est d'envoyer nos soûpirs au Ciel qui feront crever le nuage qui nous le voile.

SONNET.

POur jouïr du Soleil que mon crime me cache,
Ma bouche avec ardeur ne cesse de prier;
Ma langue dessêchée à mon palais s'attache,
Et je suis hors d'haleine à force de crier.

Ah! qu'as-tu fait, mon cœur? pourquoi fus-tu
si lâche?
Avec tes Ennemis devois-tu t'allier?
Falloit-il te noircir d'une si sale tache?
Dans un bain de mon sang, grand Dieu viens la noïer,

Ecoute mes soûpirs; regarde mes alarmes;
Vois couler de mes yeux les pénétrantes larmes;
Entens, entens, Seigneur, mes sanglots & mes cris.

A mes gemissemens montre toi favorable:
De ma douleur la mort sera-t-elle le prix?
Jette sur ma langueur un regard charitable.

E 5 VER-

VERSET 7.

*Similis factus sum Pellicano solitudinis : factus sum sicut
nicticorax in domicilio.*

VERSION.

Je suis devenu semblable au Pélican du desert, ou
comme l'Oiseau de nuit qui se cache dans les trous
de la muraille.

REFLEXION.

*Quand on a passé ses jours au milieu des plaisirs, &
dans le tumulte du monde ; il faut en pleurer les
égaremens dans la retraite & le silence.*

SONNET.

COmme le Pelican qui se plaît au desert,
Evitant le grand bruit, cherche la solitude,
Pour nourrir sa langueur & son inquiétude ;
Et jamais au plaisir son cœur ne semble ouvert.

Ou comme le Hibou, sous un toît à couvert,
Des plus sombres objets se fait une habitude,
Et troublant les Mortels d'un sinistre prélude,
Fait retentir la nuit d'un lugubre concert.

De même loin du bruit je vis dans la retraite ;
Et pour des inhumains qui cherchent ma defaite,
La charité, l'amour ouvrent mon cœur à Dieu.

Je gemis en secret, j'abandonne le Monde ;
J'entretiens, à l'écart une douleur profonde ;
La nuit de mon péché m'accompagne en tout lieu.

VER-

VERSET 8.

Vigilavi, & factus sum sicut passer solitarius in tecto.

VERSION.

Je ne repose point toutes les nuits, je reste soli-
taire comme le Passereau dans son nid.

REFLEXION.

*Pour peu que nous examinions nôtre cœur & sa fra-
gilité, nous nous tenons sur nos gardes contre nous-
mêmes, & ce n'est que dans la retraite & le silence que nous calmons ses agitations.*

SONNET.

PEut-on dormir tranquile entre les bras du crime ?
De la crainte & l'espoir je ressens le combat ;
L'une offre à mon esprit les horreurs de l'abime ;
L'autre fait à mes yeux reluire un foible éclat.

L'une du bras vangeur me fait voir la victime ;
L'autre casse l'arrêt de mon lâche attentat :
Pour m'élever vers toi je tente un vol sublime ;
Mais le poids du péché me retient & m'abat.

Bien loin de reposer je ne sens que du trouble ;
Le jour voit mon chagrin, & la nuit le redouble,
Mille soucis cuisans me devorent le cœur.

L'inquiet Passereau cherche la solitude
Enfoncé dans un mur, il nourrit sa langueur,
Ainsi je me repais de mon inquiétude.

VER°

V E R S E T 9.

Tota die exprobrabant mihi inimici mei , & qui laudabant
me , adversum me jurabant:

V E R S I O N.

Mes ennemis me font tous les jours des reproches,
  & ceux qui me louoient autrefois font des im-
precations contre moi.

R E F L E X I O N.

L'injure de nos proches nous est sensible , mais pourions
nous nous en vanger , entre les bras d'un Maître, à
qui nous avons vû pardonner sa mort à ses boureaux?

S O N N E T.

TU vois mes Ennemis charmez de mes malheurs
  Orgueilleux de ma chute,&forts de ma foiblesse,
Ils ajoûtent l'insulte à mes vives douleurs ;
Laisses-tu ma Grandeur en proïe à leur bassesse?

Ce bras qui tant de fois leur fit verser des pleurs
Est l'oprobre aujourd'hui de leur lâche molesse !
Souffriras-tu Seigneur leurs barbares fureurs ?
Laisseras-tu flêtrir l'honneur de ma vieillesse?

Il y va de ta gloire ; on attaque tés droits :
Il n'apartient qu'à toi de chatier les Rois :
Quoi ! de ces malheureux serai-je la victime?

Bien plus : ceux dont la bouche a chanté mes com-
  bats
Vomissent contre moi le fiel qui les anime ,
N'as-tu pas des carreaux pour punir ces ingrats?
V E R-

VERSET 10.

Quia cinerem tanquam panem manducabam , & potum meum cum fletu miscebam.

VERSION.

Je mange de la cendre avec mon pain , & je mêle mes larmes avec mon breuvage.

REFLEXION.

Si la bonne chere excite nôtre concupiscence , le jeûne & la tempérance sont des armes que Dieu nous offre pour la dompter.

SONNET.

AU pied de tes Autels j'implore ta clemence ;
Je deteste l'horreur d'un forfait inhumain :
De mes larmes, Seigneur, je lave mon offense ;
Et sans cendre jamais je ne mange de pain.

Je voudrois par mes cris détourner ta vengeance,
Je les envoye au Ciel pour desarmer ta main :
Regarde ma langueur, ma longue penitence :
Qui t'invoque, Grand Dieu ! t'invoque-t-il en vain ?

Tu me vois abreuvé de fiel & de vinaigre ;
Je suis have, deffait, abatu, pâle, maigre
Et prêt de succomber sous tes coups rigoureux.

Remets dans le foureau ta redoutable épée ;
La voudrois-tu tremper dans mon sein douloureux ,
Quand tu vois de mes pleurs que ma coupe est trempée ?

VER-

V E R S E T II.

A facie iræ indignationis tuæ; quia elevans allisisti me.

V E R S I O N.

Je suis humilié à la vûë de votre colére; & vous
m'avez fort abaissé, quand je me suis élevé.

R E F L E X I O N.

L'orgueil est la source de tous les péchez, & cho-
que directement la Majesté suprême, qui plonge
l'orgueilleux dans la derniére humiliation.

S O N N E T.

Pourrois-je soûtenir l'éclat de ton courroux?
Tes yeux étincelans? le feu de ta colére?
Toi qui peux m'écraser du moindre de tes coups,
Voudrois-tu t'épuiser pour combler ma misére?

Que ton front menaçant se montre calme & doux;
Jette sur moi, Seigneur, un regard moins sévére;
Vois ton Fils prosterné, Seigneur, à tes genoux,
Il revient, fais-lui grace, il jure de te plaire.

Il osa t'indigner par son fatal orgueil:
En voulant s'élever il creusa son cercueil;
Tu peux le renverser du Trône dans l'abîme.

Mais tu me vois rempant au pied de tes Autels:
Voudrois-tu m'abimer pour chatier mon crime,
Quand je tremble à l'éclat de tes traits éternels?

V E R-

VERSET. 12.

Dies mei sicut umbra declinaverunt , & ego sicut sœnum arui.

VERSION.

Mes jours ont passé comme l'ombre ; & j'ai séché comme l'herbe.

REFLEXION.

Qu'est-ce que la vieillesse d'un pécheur ? l'infirme & chancelant debris de ses debauches : il ne lui reste que la douleur de ses plaisirs & la crainte d'en rendre un compte redoutable.

SONNET.

LE tems emporte tout aussi vite qu'il passe :
Douze chiffres rangez, que le Soleil circuit,
Sur un artiste cercle en mesurent la trace,
Fixant sur le cadran une heure que s'enfuit.

Ce tems ravit mes jours, que chaque instant efface ;
Il n'en laisse que l'ombre après un peu de bruit :
Mon Régne doit aprendre à la future Race
Qu'un Roi n'est qu'un tronc mort, s'il ne donne du
  fruit.

Un rapide Couchant a suivi mon Aurore ;
Si je fus une fleur que l'amour fit éclore,
Je ne suis aujourd'hui qu'un inutile foin.

Le péché m'abatit sous sa faulx devorante ;
Il dessécha mon cœur ; le Ciel en fut témoin :
Malheur ! s'il jette au feu cette paille tremblante.

VER-

V E R S E T 13.

Tu autem , Domine, in æternum permanes ; & memoriale
tuum in generationem & generationem.

V E R S I O N.

Mais vous , Seigneur , êtes seul Eternel ; & la memoire de vôtre Nom sera immortelle, passant de
generation en generation.

R E F L E X I O N.

Dieu a fait les tems quand il a voulu, qui ne font
rien à son Eternité ; ces tems passeront ; l'Eternité
seule restera: quel bonheur si elle est heureuse pour
nous ! quel malheur si elle est malheureuse !

S O N N E T.

LE Tems est un bienfait de ta Divinité ;
Tu le developas de cette nuit profonde,
Qui cachöit le levain de ta fecondité,
Quand ta main du neant voulut tirer le Monde.

C'est un foible craïon de ton immensité :
Ton Esprit le forma se reposant sur l'onde ;
Mais ce tems n'est qu'un point de ton Eternité :
Toi seul es infini ; personne ne te sonde.

D'âge en âge on verra ton Non victorieux
Répandre son éclat dans nos cœurs , à nos yeux :
L'esprit le plus obscur en voit quelqu'étincelle.

Tout ce vaste Univers étale ta Grandeur :
Tout passe : mais ta Gloire est stable, est immortelle;
Rien ne peut effacer sa brillante splendeur.

VER-

VERSET 14.

Tu exurgens misereberis Sion; quia tempus miserendi ejus, quia venit tempus.

VERSION.

Levez vous, Seigneur, & jettez un regard mise-
ricordieux sur Sion; aïez pitié de ses miseres,
car il est tems de lui pardonner.

REFLEXION.

*Sans la misericorde de Dieu le Monde pourroit il sub-
sister, comblé de péchez, comme malheureusement
on le voit aujourd'hui?*

SONNET.

PEut-on bien exprimer l'ordre de ta Sagesse?
Ta main nous recompense, & frappe tour à tour:
Après que ta justice a puni ma molesse,
Je ressens ta bonté par un heurenx retour.

Sion va ret'entir d'une sainte allegresse;
A sa nuit on va voir succeder un beau jour;
Et son Peuple cheri pour prix de sa tendresse
Va par des vœux ardens attirer ton amour.

Tu perças de tes traits mon ame criminelle.
Quant à tes justes loix je me montrai rebelle;
Jerusalem porta le poids de mon péché.

Mais le tems est venu de ta misericorde;
Tant de rigoureux fleaux t'ont à la fin touché:
Ta Paix va tout calmer, si ta bonté l'acorde.

F   VER.

VERSET 15.

Quoniam placuerunt servis tuis lapides ejus, & terræ
ejus miserebuntur.

VERSION.

Ses Edifices sont precieux à vos Serviteurs, qui ne
pourroient voir vos Ennemis en ravager les Terres.

REFLEXION.

Dieu tient sous sa protection les Peuples qui lui sont fi-
delles : he! que peuvent contre nous les traits de
nos Ennemis, quand nous sommes couverts de son
bouclier impenetrable ?

SONNET.

LEs pompeux bâtimens, les superbes remparts,
D'un Ville si noble où fleurit l'opulence;
Ses places, ses palais l'épuisement des arts,
Tout charme un Peuple heureux sous ta sainte al-
liance.

Pour admirer Sion on vient de toutes parts :
Ses Chefs, ses Magistrats; leur valeur, leur prudence,
La victoire attachée à ses fiers étendars
La rendent redoutable & font son assurance.

Voudrois tu l'abimer ? le pourrois tu, Seigneur ?
Si l'ombre de ses maux nous fait fremir d'horreur
Que seroit-ce de voir le comble de sa peine ?

Ton Arche entre les mains de nos durs Ennemis;
Nos Enfans écrasez ; nos Vierges à la chaîne ?
L'idée en fait trembler ceux qui te sont soûmis.

VER-

VERSET 16.

Et timebunt gentes Nomen tuum, Domine, & omnes Reges terræ gloriam tuam.

VERSION.

Votre Nom, Seigneur, fera redoutable à toutes les Nations, & tous les Rois de la Terre adoreront vôtre Gloire.

REFLEXION.

Tout nous dit qu'il y a un Dieu, & tout nous porte à l'aimer & le craindre : les plus Puiſſans de la Terre y ſont plus puiſſamment obligez ; puis que leur puiſſance ne leur eſt donnée que pour faire adorer ſur la Terre la Puiſſance ſouveraine qui les maintient dans la leur, & qui leur en demandera un redoutable compte, s'ils en font un mauvais uſage.

SONNET.

COnſerve ta Sion pour l'honneur de ta gloire :
Toutes les Nations redouteront ton bras :
Braveroient-ils des murs où régne la victoire,
Qu'ils ſavent ſoûtenus par le Dieu des combats ?

Tous les Peuples du Monde en liſant nôtre hiſtoire
Reſpecteront la main qui regit nos Etats ;
Et ſi leur imprudence en perdoit la mémoire,
Leur orgueil ſous tes coups ſeroit bien-tôt à bas.

Non : tous craindront ton Nom, ce Nom ſi redoutable,
Ce Nom auguſte, ſaint, éternel, immuable,
Tous rendront les devoirs dûs à ta Majeſté.

Du midi juſqu'au nord, du couchant à l'aurore
Tous les Rois flechiront ſous le ſceptre indompté
Du Monarque qui ſeul mérite qu'on l'adore.

 VER-

VERSET 17.

Quia edificavit Dominus Sion; & videbitur in gloriâ suâ.

VERSION.

C'est le Seigneur qui a bâti Sion, & il y sera adoré dans sa gloire.

REFLEXION.

Quel respect ne de devons nous pas avoir pour les Eglises, où Dieu reside, & où s'assemblent les fidèles comme en un corps d'armée pour lui faire une sainte violence.

SONNET.

C'Est Dieu qui de Sion posa les fondemens,
Et sa main a taillé sa pierre inebranlable :
C'est lui qui l'a renduë & grande, & redoutable,
Qui fait pleuvoir ses biens sur elle à tous momens.

C'est son doigt qui traça ses vastes Bâtimens,
Ses Palais, ses Remparts, & son Fort imprenable :
Il forme le dessein de son Temple admirable ;
Il construisit son Arche, & fit ses ornemens.

Toutes les Nations y chanteront sa gloire ;
Les Siécles reculez cheriront sa mémoire ;
Tous t'y rendront, Seigneur, leur adoration.

On publira par tout qu'Elle est heureuse & sainte,
Que le Dieu d'Israël habite en son enceinte ;
On parlera toûjours de la belle Sion.

VER-

VERSET 18.

Respexit in orationem humilium & non sprevit precem eorum.

VERSION.

Il écoutera favorablement les prieres des humiliez,
& il ne rejettera point leurs vœux.

REFLEXION.

*Dieu cherit l'encens qu'une humble main lui presente,
il n'y a que la priére du cœur qui le touche ; celle
des levres n'arrive jamais jusques à lui.*

SONNET.

Dieu regarde d'enhaut sa precieuse offrande ;
L'odeur de ses parfums a monté jusqu'au Ciel :
Là sans offrir jamais un encens criminel,
L'humble attire sur lui l'effet de sa demande.

Tu ne dedaignes pas un Pécheur qui s'amende,
Qui vient purifier un cœur dur & charnel ;
Mais tu ne peux souffrir l'ambitieux mortel
Qui contre toi, Seigneur, se roidit & se bande.

Ta Majesté jamais n'a détourné ses yeux
D'un Pénitent contrit ; ses soûpirs vont aux Cieux ;
Et ton cœur est charmé de voir couler ses larmes.

Ton oreille est ouverte à ses vœux, à ses cris,
Et dans un doux transport ce pécheur est surpris
De voir que ta bonté met fin à ses alarmes.

VER-

VERSET 19.

Scribantur hæc in generatione altera, & populus qui creabitur laudabit Dominum.

VERSION.

Que ces choses soient écrites pour la postérité, & ce Peuple qui nous succedera, en donnera des louanges au Seigneur.

REFLEXION.

Nous n'avons rien de plus precieux en ce Monde, que les Saintes Ecritures, qui repandent dans nos cœurs le lait de la vie éternelle, & nous aprennent la vraye métode de louer Dieu; ce qui fait dans le Ciel l'unique occupation des Anges.

SONNET.

QU'on chante ses exploits aux Peuples à venir;
Qu'on en trace avec art une riche peinture,
Dont les traits surprenans les fassent souvenir
Que le Dieu qui les fit a formé la Nature.

Si son Esprit divin veut bien me soûtenir;
S'il veut de ses secrets me donner l'ouverture,
Je ferai des efforts pour le faire benir
Qui charmeront les cœurs de la Race future.

Ce sera l'ornement de nos derniers Neveux;
Mes Cantiques sacrez seconderont leurs vœux;
Ils uniront leurs voix aux saints concerts des Anges.

Leurs chants harmonieux brilleront dans les airs,
On entendra par tout retentir ses louanges;
Et son Nom volera jusqu'au de là des Mers.

VER-

VERSET 20.

Quia prospexit de exelso sancto suo; Dominus de cælo in terram aspexit.

VERSION.

Le Seigneur regarde ici bas du lieu saint où son Trône est élevé, & du Ciel où il reside il jette les yeux sur la terre.

REFLEXION.

Ne faisons aucune action sans nous souvenir que Dieu la voit.

SONNET.

DE son trône d'azur où brille sa puissance,
Où l'on voit de sa Cour le pompeux apareil,
Dieu fait de sa Grandeur d'écouler l'influence
Par mille astres roulans sur des chars de vermeil.

Son amour nous a peint l'œil de sa vigilence,
Ce Pére lumineux qui chasse le Sommeil,
Et qui marchant sans cesse, en semant l'abondan-
ce,
Nous fait benir la main qui forma le Soleil.

C'est de là que celui qui lance le tonnerre
Vient d'abaisser ses yeux pour foudroyer la Terre;
Ses regards menaçans semblent autant d'éclairs.

Tremblez mechans, tremblez; je vois déja sa gloire:
Il va vanger nos maux; il va vous mettre aux fers,
Et son bras triomphant nous promet la victoire.

F 4

VER-

VERSET 21.

Ut audiret gemitus compeditorum ; ut solveret filios interemptorum.

VERSION.

Pour entendre les gemissemens de ceux qui sont dans les fers, & pour rompre les chaînes des Enfans de ceux qui ont été massacrez.

REFLEXION.

Qu'importe que nos mains soient ici bas chargées de fers, pourvû que Dieu les remplisse de palmes au Ciel! qu'importe que nous teignons la terre de nôtre sang, pourvû qu'il soit couronné d'une gloire éternelle!

SONNET.

CEux que l'on fait gemir sous de barbares fers
Font retentir l'éclat de leur injuste chaîne ;
Le bruit en est monté jusqu'au de là des airs
Pour aller émouvoir la Grandeur souveraine.

Dieu vient les delivrer aux yeux de l'Univers ;
Il va changer en fleurs leur accablante peine,
Et jetter les Tyrans dans le fond des Enfers :
Frémissez, Oppresseurs, vôtre perte est certaine.

Nos Péres massacrez ont saoulé de leur sang
Les cœurs de ces cruels qui percerent leur flanc ;
Mais aujourd'hui son bras en va prendre vangeance.

Nos larmes & nos cris ont pénétre les Cieux ;
Dieu se lasse de voir opprimer l'innocence ;
Je vois déja briller son glaive furieux.

VER-

VERSET 22.

Ut anuntieut in Sion nomen Domini, & laudem ejus in Jerusalem.

VERSION.

Afin que le Nom du Seigneur soit honoré dans Sion,
& que ses louanges soient chantées en Jerusalem.

REFLEXION.

*Chaque Famille Chrêtienne doit toûjours avoir de-
vant les yeux, qu'elle est consacrée au Seigneur,
qui l'a rachetée de son sang : qu'elles graces ne lui
en doit elle pas rendre !*

SONNET.

QUand il aura vangé pleinement nos injures,
Sion retentira de son Nom glorieux ;
   Nos chants anonceront par quelles avantures
Nôtre Dieu terrassa nos Rivaux orgueilleux.

   Nos vœux tous embrasez, nos flames les plus pures
S'uniront devant l'Arche à l'encens precieux ;
Et nos cœurs pénétrez des plus vives blessures
Pour prouver leur amour s'élanceront aux Cieux.

   Oui sa Jerusalem le dépôt de sa gloire,
Que son bras anoblit par plus d'une victoire
Fera tout son bonheur de le louer toûjours.

   Mes Fils l'embelliront d'un Temple magnifique ;
De cent Peuples divers il verra le concours,
Et leur zèle en doit faire une Ecole angelique.

VERSET 23.

In conveniendo populos in unum , & Reges ut serviant Domino.

VERSION.

Les Peuples & les Rois s'uniront ensemble pour louer & adorer le Seigneur.

REFLEXION.

Tous les hommes ne devroient composer qu'un Chœur, uni par la charité pour louer Dieu tous d'une voix : le devoir principal des Rois est d'employer leur autorité dans leurs Etats , pour l'y faire adorer en esprit & en vérité.

SONNET.

NOs Tribus n'auront plus qu'un cœur & qu'une voix
Oui : le Ciel présidant à leur sainte assemblée,
Leur fera conserver la pureté des Loix
Dont la base jamais ne peut être ébranlée.

Nos Peuples s'uniront pour conserver leurs droits;
Des plus douces faveurs Sion sera comblée,
Et signalant son nom par de fameux exploits,
Elle triomphera, si sa paix est troublée.

Ses Rois , dont la valeur se fera redouter,
Mettront toute leur gloire à te faire exalter;
A benir ton Saint Nom par un culte fidelle.

Grand Dieu , repand sur eux le feu de ton Esprit :
Seconde leur vertu , daigne animer leur zèle,
Et remplis ta promesse en leur donnant ton Christ.

VER-

VERSET 24.

Respondit ei in via virtutis suæ, paucitatem dierum meorum nuntia mihi.

VERSION.

Je lui ai dit au milieu de ma course: faites moi connoître le nombre de mes jours.

REFLEXION.

Nôtre Eternité heureuse, ou malheureuse depend de nôtre derniere fin ; celle ci depend d'une bonne vie ; vivons donc à chaque heure de cette vie, comme si c'étoit la derniere.

SONNET.

C'Est jusqu'à toi, Seigneur, que mon esprit s'éléve,
Pendant qu'un peu de feu me laisse agir encor,
Pour apprendre la fin d'une course si bréve,
Et le moment qui doit me livrer à la mort.

Elle est aveugle & sourde, & sans quartier ni tréve;
Pour arrêter sa faulx on fait un vain effort :
La vie est son tribut, il faut qu'elle le léve;
Après l'avoir païé nous debarquons au Port.

Toi seul, ô Dieu! toi seul detournes l'implacable;
Toi seul peux revoquer l'arrêt irrevocable :
Pour pleurer mes péchez prolonge un peu mes jours.

Révéle moi l'instant d'une heure si terrible,
Qui doit fixer enfin mon destin pour toûjours.
Et qui méne à ta gloire, ou dans l'abime horrible.

VER-

VERSET 25.

Ne revoces me in dimidio dierum meorum in generationem
& generationem anni tui.

VERSION.

Ne me rappellez pas lorsque je ne suis encore qu'à
la moitié de mes jours, vous dont les années
durent dans toutes les générations.

REFLEXION.

On ne doit desirer de parvenir à la vieillesse, que
pour avoir plus de tems de pleurer les folies qu'on
a commises pendant la jeunesse.

SONNET.

Regarde ma douleur, écoute mes soûpirs ;
Ne me rappelle pas au milieu de ma vie ;
Fais succeder la joïe à tant de deplaisirs ;
Rends moi mon premier lustre, & fais taire l'Envie.

De ce trône éclatant où brillent les Zéphirs,
D'où s'élancent les feux dont mon ame est ravie
Prête une tendre oreille à mes justes desirs,
Et soutiens ma langueur par ta force infinie.

Quel calcul, quel esprit pourroit nombrer tes
ans ?
Ta seule immensité fit éclore les tems ;
Toi seul fais le tissu de leur rapide chaîne.

Les jours vont s'abimer dans ton Eternité ;
C'est un gouffre profond dont le cours nous en-
traîne,
Les siécles sont les points de ton infinité.

VER-

VERSET 26.

Initio tu, Domine, terram fundasti, & opera ma-
nuum tuarum sunt cœli.

VERSION.

Vous qui dès le commencement des tems avez po-
sé les fondemens de la Terre, après avoir formé les Cieux.

REFLEXION.

La Terre est nôtre éxil, le Ciel est nôtre Patrie: il faut
mépriser l'une, si nous voulons parvenir à l'autre.

SONNET.

QUand ton artiste main developa le monde,
La lumiére à ta voix abandonna la nuit ;
Tu mis le firmament dans le milieu de l'onde ;
Et tu fixas la Mer dans un vaste circuit.

Tu fis sortir la Terre, elle parut féconde,
A ta seule parole elle porta du fruit ;
Le Soleil sur son char fit sa premiere ronde,
Et la Lune parut dans son obscur reduit.

Dans l'air on vit voler la troupe harmonieuse ;
L'Ocean fut peuplé d'une race nombreuse ;
Tu fis les animaux, & ton Chef d'œuvre enfin.

L'Homme est leur Souverain, c'est ta plus vive
image
Tu fabriquas le Ciel pour couronner sa fin,
Et ton palais d'azur doit être son partage.

VER-

VERSET 27.

Ipsi peribunt, tu autem permanes ; & omnes sicut vesti-
mentum veterascent.

VERSION.

Ils periront ; il n'y a que vous seul de permanent ; &
toutes ces choses vieilliront comme un vétement.

REFLEXION.

Tout ce qui nous est visible perira : tout ce qui nous
est invisible est éternel : pensons nous bien que
nôtre ame est une de ces choses invisibles ?

SONNET.

CEs globes, ces plafonds, tant d'ouvrages si beaux
Rentreront au neant dont ta Voix les fit naître
Et cette même Voix ouvrira nos tombeaux
Quand à ton Tribunal tu nous feras paroître.

On verra dans les airs éclater tes carreaux ;
La Terre croulera sous les traits de son Maître,
Et les Cieux feront place à des Cieux tout nouveaux:
Non, rien n'est permanent que l'Etre de tout Etre,

Tout s'use, tout vieillit, tout passe & se detruit ;
De nos beaux jours le tems s'enrichit & s'enfuit
La vie est un habit dont la mort nous depouille.

Les ans ont desolé les plus fameux Palais ;
Le fer même, le fer est mangé par la rouille ;
Tout change ; mais Toi seul ne changeras jamais.

VER-

VERSET 28.

Et sicut opertorium mutabis eos , & mutabuntur : tu autem idem ipse est ; & anni tui non deficient.

VERSION.

Vous les changerez , comme on change un habit & elles prendront une nouvelle face ; mais pour vous, vous êtes toûjours le même , & vos années ne passeront jamais.

REFLEXION.

Le feu fera l'épreuve de toutes choses : Dieu brûlera les pailles dans un feu , qui ne s'eteindra jamais, & serrera soigneusement le pur froment.

SONNET.

CEs Lambris soutenans mille lampes dorées ,
Ces Flambeaux de la nuit , ce pompeux firma-
     ment ,
Ces tapis brodez dor , ces voutes azurées,
Ta main les doit changer ainsi qu'un vêtement.

Ta voix retentira dans toutes les contrées ;
On verra fuïr les Cieux , fondre chaque élement :
Nos ames de fraïeur se verront pénétrées,
Dans ce terrible jour du dernier jugement.

Tout ce vaste Univers sera reduit en cendre :
Toi seul, grand Dieu ! toi seul qu'on ne sauroit
     comprendre
Resteras permanent , immuable , Eternel.

Tout change, hors toi seul, tu fus toûjours le même;
Tout n'est rien devant toi Souverain Immortel ;
Ta seule immensité soûtient ton diadême.

VER-

VERSET 29.

*Filii Servorum tuorum habitabunt, & semen eorum in
sæculum dirigetur.*

VERSION.

Vos Enfans demeureront dans cette nouvelle Terre
& leur posterité prosperera à jamais.

REFLEXION.

*Quels desirs! quels empressemens ne devrions nous
pas temoigner à la vûë du Ciel! avons nous de la
Foi? on court avec ardeur après un peu de cendre
qui s'évanouit; & on a de la tiedeur à la vûë d'un
Roiaume infini, que nous pouvons posseder éter-
nellement; quelle folie!*

SONNET.

LE Ciel sera la part de tes zelez Amis,
Dont le Monde ne pût ébranler la constance;
Qui garderent les Loix de ta sainte Alliance,
Conservant le depos qu'on leur avoit commis.

Ils jouïront des biens que tu leurs as promis;
Sur eux, sur leurs Enfans coulera l'abondance:
Ils passeront leurs jouts sans crainte en ta presence;
Là plus de passions, & là plus d'Ennemis.

Leur Tige glorieuse heritant de leur zele
S'y verra penetrer d'une flame fidèle,
Dont leurs cœurs embrasez brûleront à jamais.

Là rien n'alterera la douceur de leur vie;
Tu seras la splandeur de leur ame ravie;
Ils goûteront sans fin ton amour & ta paix

VER-

PSEAUME CXXX. ℣. 1.

De profundis clamavi ad te, Domine ; Domine exaudi voci meam.

VERSION.

Seigneur, du profond de l'abime j'ai crié vers vous;
Seigneur, écoutez ma voix.

REFLEXION.

On ne peut sortir de la nuit du péché qu'en appellant le Soleil de justice à son secours.

SONNET.

Languissant , accablé sous le poids de mon crime,
Des ténébres sans fond où je me suis plongé,
Et des bords escarpez de l'éternel abime
Oserois-je implorer le Dieu que j'outrageai.

Oserois-je à tes pieds entendre ta victime
Ce fameux criminel sur qui tu t'es vangé ?
Si mon forfait monta jusqu'au Trône sublime,
Mes cris y vont fléchir ton cœur que j'afligeai.

Ecoute ma clameur , regarde mes alarmes ;
Mes élans, mes sanglots s'étouffent dans mes larmes,
Et ma douleur te parle au deffaut de ma voix.

Ah! peux tu rejetter mon ardente priére ?
Me laisses tu , Seigneur, quand je suis aux abois ?
Souffre que mes soûpirs desarment ta colere.

G

VER.

V E R S E T 2.

Fiant aures tuæ intendentes in vocem deprecationis meæ.

V E R S I O N.

Que vos oreilles soient attentives aux tristes accens de mes plaintes.

R E F L E X I O N.

La priére est un encens que Dieu ne rejette jamais.

S O N N E T.

QUe mes transports, grand Dieu! surmontent
      ta rigueur!
Si mon noir attentat te rendit implacable,
Je veux par ton oreille aller droit à ton cœur,
Et par des cris touchans me le rendre traitable.

Ah! pour y parvenir, il faut de la douleur,
Un fidelle retour, un regret veritable;
Il faut de mon amour abhorrer la fureur,
En éteindre le feu dans un bain favorable.

Tu vois ma dureté, perce la de tes traits;
L'Ingrate sans tes coups ne flechira jamais:
Que sert mon repentir sans l'apui de ta grace?

Mon ardente priére est jointe à mes sanglots;
Souffre que sa ferveur me devoile ta face:
Vien calmer ces ennuis qui troublent mon repos.

V E R-

VERSET 3.

Si iniquitates observaveris , Domine ! Domine ! quis justinebit ?

VERSION.

Seigneur si vous éxaminez nos offenses à la rigueur, qui est ce qui pourra soûtenir les efforts de vôtre colere?

REFLEXION.

Si Dieu n'abimoit pas nôtre injustice dans sa misericorde , qui pourroit être sauvé?

SONNET.

SI tu mets nos péchez dans ta juste balance,
Et la laisses pancher du côte rigoureux,
Sans mettre au contrepoids un grain de ta clemence,
Que devient un pécheur, où tombe un malheureux?

Peut il bien concevoir l'horreur de son offense,
Et penser sans fremir à ce lieu tenebreux,
Où là l'Eternité doit combler ta vangeance?
Et nôtre ingratitude ose en braver les feux !

Qui pourra detourner ta fléche meurtriere,
Si ta severité laisse agir ta colere ?
Où se mettre à couvert de tes terribles coups ?

Qui pourra soutenir ce regard redoutable,
Lançant avec la mort les traits de ton courroux,
Seigneur , si ton amour n'est pour nous charitable?

 VER-

VERSET 4.

Quia apud te propitiatio est, & propter legem tuam sustinui te Domine.

VERSION.

Mais il y a en vous une abondante misericorde, Seigneur, ce qui me fait espérer en vos promesses.

REFLEXION.

La misericorde de Dieu est grande : il est vrai : mais sa justice est épouvantable ; puisque sa Loi nous aprend qu'elle punit un seul péché par un supplice éternel.

SONNET.

OUi pour te desarmer, il ne faut qu'un retour
Etouffer nos péchez sous le sac & la cendre ;
A force de gemir rapeller ton amour,
Et par des cris perçans le forcer à se rendre.

Cet amour s'attendrit, il revient à son tour ;
Contre tant de Soûpirs il ne peut se deffendre :
Au bruit de tes carreaux succede un brillant jour ;
Nos vœux lancez au Ciel t'obligent de descendre.

Tu t'inclines vers nous à l'éclat de nos voix
Pour nous faire goûter la douceur de tes Loix,
Er ta grace en nos cœurs fait naître l'Esperance.

La Foi, ce grand flambeau, vient éclairer nos yeux,
Elle montre le prix d'une ample recompense ;
Enfin ta Charité nous ravit jusqu'aux Cieux.

VER-

VERSET 5.

*Sustinuit animà mea in verbo ejus, speravit anima
mea in Domino.*

VERSION.

Seigneur, mon ame s'assure sur vôtre parole, & se
resigne entiérement en son Dieu.

REFLEXION.

*Dieu nous a promis sa Couronne de Gloire; c'est le
but de nos ésperances; mais il faut combatre pour
l'obtenir.*

SONNET.

J'Espere en ta parole, elle est irrevocable:
  Tu promets d'accorder ta grace au criminel;
  Tu me vois à tes pieds, où je pleure en coupable,
  Pour éteindre les feux de ton courroux mortel,

  Remets dans le foureau ton glaive redoutable,
Et laisse agir pour moi ton amour paternel:
Jette sur mes sanglots un regard favorable;
Un soupir te rappelle, & nous ouvre le Ciel.

  Je m'élance en tes bras, ô Dieu, mon ésperance!
Mon ame dans ton sein se croit en assurance;
Te retirerois tu pour la laisser tomber?

  Non; l'on verroit plutôt crouler toute la Terre;
Un humble sous ta main ne sauroit succomber,
Et sa douleur le met au dessus du tonnerre.

G 3

VER-

VERSET 6.

*A custodia matutina usque ad noctem speret Israël
in Domino.*

VERSION.

Qu'Israël espére au Seigneur depuis l'aube du jour
jusqu'à la nuit.

REFLEXION.

*Il faut toûjours espérer en Dieu; mais il faut qu'u-
ne sainte vie soutienne nôtre esperance.*

SONNET.

DEs que l'Aurore en pleurs sort d'un lit de ver-
meil,
Pour du Pére du jour nous anoncer la ronde,
Et devoiler l'éclat de son riche apareil,
A benir son Môteur qu'Israël le seconde.

Quand sur son pompeux char ce ravissant Soleil
Poursuit au haut des Cieux sa carriere feconde;
Où lors qu'en se couchant il fait place au sommeil,
Qu'à louer Dieu son cours invite tout le Monde.

Lors qu'au fond de la Mer son feu s'évanouït,
Et qu'un globe d'argent vient rouler dans la nuit,
Dans les bras du Seigneur que le Peuple repose.

Si l'on dort en son sein, il veillera pour nous:
Contre le fort Armé c'est sa main qui s'opose:
Quiconque espére en lui le trouve tendre & doux.

VER-

VERSET 7.

Quia apud Dominum misericordia, & copiosa apud eum redemptio.

VERSION.

Car il y a dans le Seigneur une plenitude de misericorde, & une abondance de graces pour nous racheter.

REFLEXION.

La misericorde de Dieu surpasse nos péchez ; mais quand le pécheur la pousse à bout, ses chatimens sont rigoureux : tout est infini en lui ; son amour infini nous montre une Gloire infinie ; & sa haine nous menace d'un abime inconcevable, dont les feux sont infinis.

SONNET.

SOn extréme bonté tient mon ame ravie :
Sa main combat pour nous ; elle brise nos fers :
Oui, sa misericorde est prompte, est infinie ;
Elle arrache un Pécheur des portes des Enfers.

C'est toûjours à regret que son bras nous châtie
Quand le Ciel fait briller ses foudres dans les airs,
Son amour les éteint & nous sauve la vie :
Un douloureux soupir dissipe ses éclairs.

Si son courroux est grand, se clemence est plus grande
A ses yeux un cœur tendre est une tendre offrande ;
Nos pleurs ont la veru d'adoucir ses regards.

Que son Arc soit bandé ; que sa fléche soit prête :
Ses Autels arrosez nous servent de rempars,
Où ce Dieu desarmé signe nôtre requête.

VER-

VERSET 8.

Et ipse redimet Israël ex omnibus iniquitatibus ejus.

VERSION.

Oui, ce sera lui qui sauvera Israël en lui pardonnant tous ses péchez.

REFLEXION.

Celui qui espére en Dieu ne perira jamais : si il a offensé cette infinie bonté, qu'il deteste son péché & il obtiendra sa grace.

SONNET.

CE Dieu qui d'Israël a suporté l'orgueil ;
Dans le desert cent fois qui souffrit son murmure,
Après qu'il eut couvert d'un humide cercueil
Un camp dont l'apareil étonnoit la Nature.

Ce Dieu pour nos Ayeulx qui mit l'Egypte en deuil ;
Dont l'amour paternel pardonna leur injure ;
Eux dont la dureté fut toûjours leur écueil,
Et dont le cœur ingrat fut si souvent parjure.

Eux dont l'impieté profana ses Autels ;
Eux qu'enfin on a vû mille fois criminels,
Mais toûjours plus aimez qu'ils ne furent rebelles.

Oui, ce Dieu veut encor abolir nos forfaits :
Eteignons dans nos pleurs nos flames sensuelles,
Et son sensible amour nous donnera la Paix.

PSEAU-

PSEAUME CXLIII. ℣. 1.

Domine exaudi orationem meam ; auribus percipe obsecrationem meam in veritate tua, exaudi me in tua justitia.

VERSION.

Seigneur, exaucez ma priére ; prêtez l'oreille à mon oraison ; exaucez moi selon la verité de vos promesses, & l'étenduë de vôtre justice.

REFLEXION.

Il faut toûjours prier & ne s'en lasser jamais : avec la perseverance on obtient les effets de ses demandes.

SONNET.

JUsqu'au trône éclatant que la gloire environne
J'élance avec ferveur mes vœux & mes soûpirs ;
Les Cantiques , grand Dieu ! que devant toi j'entonne,
Se voudroient éléver au dessus des Zéphirs.

Ton oreille jamais ne se ferme à personne ;
Ah ! qu'elle soit sensible à mes justes desirs :
Pardonne mon péché ; rassure ma couronne,
Et fais par ta bonté finir mes deplaisirs.

A ma tendre Oraison montre toi favorable ;
Viens repandre en mon sein ton Esprit veritable ;
Rends moi ton saint amour, ton feu, ta charité.

De mon cœur depravé déracine le vice ;
Appaise les transports dont il est agité ;
En faveur de mes pleurs modere ta justice.

G 5

Ver-

VERSET 2.

Et non intres in judicium cum servo tuo ; quia non justificabitur in conspectu tuo omnis vivens.

VERSION.

N'entrez point en jugement avec vôtre serviteur, car nul homme ne se trouvera juste devant vous.

REFLEXION.

Qui peut nous justifier devant Dieu, que sa seule miséricorde ? Hélas ! quelle vertu auroient nos larmes, si elles n'étoient pas pesées au poids de sa charité ?

SONNET.

SI tu me veux juger dans toute ta rigueur ;
Si ta grace ne fait trebucher ta balance ,
Pour emporter le poids d'un malheureux Pécheur ,
Ah , Seigneur , je succombe & je perds l'esperance.

Grand Dieu ! pour t'appaiser qu'est ce que ma douleur ?
Voudrois-je par mes cris arrêter ta vangeance ?
Si pour moi ton amour ne parloit à ton cœur ,
Tout mon sang pourroit-il effacer mon offense ?

Juge juste & terrible , ah ! que deviendrons nous,
Si ta pesante main seconde ton courroux ?
Un seul de ses revers nous jette dans l'abime.

Qui soûtiendroit l'éclat de ton front irrité :
Qui sauroit devant toi justifier son crime ,
Si ta douceur cedoit à ta séverité ?

VER-

VERSET 3.

Quia persecutus est inimicus animam meam ; humiliavit in terra vitam meam.

VERSION.

L'Ennemi a poursuivi mon ame, & l'a humiliée, en la foulant sous ses pieds.

REFLEXION.

Quand nous succombons aux attaques du cruel Ennemi, nous devenons ses esclaves, & il n'y a que la grace qui puisse briser nos fers.

SONNET.

L'Implacable Ennemi plein de rage & d'envie
Dont le mortel venin étouffe tes Enfans,
Voïant d'un œil jaloux la candeur de ma vie,
A lancé dans mon sein mille traits devorans.

De ses plus noirs charbons mon ame fut noircie,
Mon feu fit éclater ses transports violens :
D'un cruel attentat ma flame fut suivie ;
Depouillé de douceur j'imitai les Tyrans.

N'écoutant plus tes Loix je quittai toute crainte ;
Je parus furieux ; je péchai sans contrainte ;
On me vit trebucher aux pieds du fort Armé.

Ma passion sur moi lui donna la victoire ;
J'avalai le poison dont il m'avoit charmé,
Et mon cœur dans la fange oublia ta memoire.

VER-

VERSET 4.

Collocavit me in obscuris, sicut mortuos sæculi, & anxiatus est super me spiritus meus; in me turbatum est cor meum.

VERSION.

Il m'a jetté dans l'horreur des tenebres comme mort à ta grace; mon esprit étoit dans des agitation terribles, & mon cœur dans des convulsions qui le troubloient sans relâche.

REFLEXION.

Quel triste état, que celui où se voit reduit un cœur vaincu par le Demon! il est mort à la grace: les plaisirs l'irritent sans l'assouvir, le repos lui est inconnu; il vole d'une passion à une autre, sans y trouver la douceur qu'il s'étoit promise: en vain on cherche la paix dans les Creatures, qu'on ne trouve qu'en Dieu seul.

SONNET.

CEt orgueilleux vainqueur bouffi de ses progrès
Entretenoit l'ardeur qui consumoit mon ame:
J'étois enséveli sous un nuage épais,
Et David dans les fers n'adoroit que sa flame.

Je tramois sans horreur les plus honteux forfaits;
Si les remords parloient, j'en étouffois le blâme:
J'étois mort à ta grace, & sevré de ta paix,
Ma fureur croupissoit dans son bourbier infame.

L'Amour, par sa douceur. nous pique & nous aigrit;
Sans nous rassasier il trouble nôtre esprit;
Plus on veut lui donner, plus il veut qu'on lui donne,

J'en devorois l'apas sans assouvir ma faim;
Mon cœur étoit brulé du feu qui l'empoisonne,
Et pour l'en degager tu lui parlois en vain.

VER-

VERSET. 5.

Memor fui dierum antiquorum, meditatus sum in omnibus operibus tuis : in factis manuum tuarum meditabar.

VERSION.

Je me suis souvenu de mes jeunes ans j'ai repassé, ô Dieu ! toutes les faveurs dont vous me comblâtes, & rapellé tous les coups d'éclat que vous fîtes pour me faire triompher.

REFLEXION.

Rien n'est plus propre à étouffer le feu de nos passions, que de méditer sur ce que l'on est ; pour quelle fin nous sommes faits ; & ce que nous devons devenir.

SONNET.

LA douceur, l'innocence où coula ma jeunesse,
Tes graces, tes faveurs, se peignent à mes yeux;
Ce sensible aiguillon, ce souvenir me presse,
Et me fait réfléchir sur mon crime odieux.

Quel état différent de celui qui m'opresse,
A ces faits dont l'éclat me rendit glorieux,
Quand mon esprit docile écoutoit ta sagesse,
Sans jetter sur le vice un regard curieux !

Je repasse les coups que tu fis pour ma gloire ;
Quelle force à mon char attacha la Victoire ;
Quelle main de ma tête écarta les dangers.

Mon sacre, mes combats, mes progrès, & mon
    Régne
Me rendirent terrible aux Peuples Etrangers ;
Mais tu sais abaisser celui qui te dedaigne.

VER-

VERSET 6.

Expandi manus meas ad te : anima mea sicut terra sine aqua tibi.

VERSION.

J'éléve mes mains vers vous, Seigneur, car mon ame sans vous est comme une terre aride & séche.

REFLEXION.

La sécheresse où nous jettent les vices ne peut être arrosée que par les eaux de la Grace.

SONNET.

Oserois-je, Seigneur, lever les yeux au Ciel ?
Oserois-je à tes pieds étendre ta victime ?
Puis-je, sans profaner ton redoutable Autel,
T'y servir tout couvert du sang de mon intime.

Mes mains fument encor d'un meurtre trop cruel
Pour chercher dans ton sein la grace de mon crime
Mais qui peut les laver que le seul Immortel ?
Peut on, sans ton secours, s'arracher de l'abime ?

Oui, mon Dieu ! j'ai péché, j'ai merité tes coups ;
Accablé de douleur j'embrasse tes genoux ;
Rassure d'un regard mon ame languissante.

Mon cœur aride & sec est prêt à succomber :
Je suis un vase vuide, une terre tremblante ;
Remplis moi de tes eaux & viens m'en imbiber.

VER-

VERSET 7.

Velociter exaudi me, Domine; defecit spiritus meus.

VERSION.

Secourez moi promptement , Seigneur , je tombe en defaillance.

REFLEXION.

Dieu est toûjours prêt d'accourir à nôtre secours, si-tôt qui nôtre amour l'appelle.

SONNET.

ECoute moi, Seigneur, & soulage ma peine ;
Daigne me rassurer sur le bord du tombeau ;
Je n'ai que trop senti ta redoutable haine,
Et gemi sous l'horreur de tón terrible fleau.

Je suis prêt de tomber sous le poids de ma chaîne:
Mes yeux, mes tristes yeux, semblent se fondre en eau;
A force de crier je suis tout hors d'haleine ;
Je vois déja la mort souffler sur mon Flambeau.

Mon corps qui se dissout sent deserter mon ame;
Il ne me reste plus qu'une mourante flame ;
Ma bouche en soupirant va rendre mon esprit.

Il est tems ou jamais que tu me sois propice :
Si tu punis en juge un péché qui t'aigrit,
Qui me delivrera de l'affreux précipice?

VER-

VERSET 8.

Non avertas faciem tuam à me, & similis ero descen-
dentibus in lacum.

VERSION.

Tournez vos yeux fur moi, Seigneur, & je ferai imbibé des eaux de vôtre grace, comme celui qui fe baigne dans un vafte étang.

REFLEXION.

Quelque aridité qu'il y ait dans un cœur, fitôt que
Dieu touche ce rocher, il le rend fenfible; il en
fait fortir des torrens falutaires, & l'environne
des eaux de fa Grace.

SONNET.

TA juftice toûjours laiffe agir ta bonté :
  Seigneur, regarde moi, devoile moi ta face;
Rappelle la douceur fur ton front irrité;
Bannis en le courroux dont la rigueur me glace.

De mon Roi, de mon Dieu, que je fois écouté;
De la haine à l'amour laiffe prende la place;
Souffrirois tu mon cœur dans fon aridité?
Verfe plûtôt fur lui les torrents de ta grace.

Alors il nagera dans cette immenfe Mer,
Où lavant le venin qu'avoit vomi l'Enfer,
On le verra briller d'une nouvelle Gloire.

Plongé dans l'Ocean de tes fecondes eaux,
Je chanterai d'un Dieu l'immortelle Victoire,
Qui fera fucceder la paix à mes travaux.

VERSET 9.

Auditam fac mihi mane misericordiam tuam, quia in te speravi.

VERSION.

Faites moi connoître promptement que vous m'avez fait misericorde, parce que j'ai mis en vous mon esperance.

REFLEXION.

Nôtre esperance en Dieu est toûjours suivie de sa miséricorde.

SONNET.

Misericorde immense, infinie, éternelle,
Etre incomprehensible, écoute, éxauce moi;
Fais voler dans mon sein une ardente étincelle;
Dieu plein de charité daigne apuyer ma foi.

Etouffe dans tes eaux ma flame criminelle:
Qu'ai-je fait malheureux en péchant devant toi!
Mon feu forgea les nœuds d'une chaîne cruelle;
Viens la rompre, Seigneur, & bannir mon effroi.

Fais briller de ton Trône un raïon d'espérance;
Rends à mon cœur troublé sa premiére innocence;
Regarde ses efforts, seront ils impuissans?

Il gemit, il s'abaisse, il soûpire, il espére:
Tremblera-t-il toûjours sous tes traits ménaçans?
Non: baigné dans mes pleurs il fléchira mon Pére.

VER-

H

VERSET 10.

Notam fac mihi viam in qua ambulem ; quia ad te levavi animam meam.

VERSION.

Enseignez moi le chemin qui conduit à vôtre gloire ; vous voïez, Seigneur, que mon ame fait tous ses efforts pour s'élever vers vous.

REFLEXION.

La Terre est un champ de bataille, où nous entrons pour gagner le Ciel, dont la Couronne nous est promise, si nous combatons généreusement sous l'étendart de la Croix.

SONNET.

Dans tes sentiers étroits viens radresser mes pas
Detache mes liens ; remets moi dans ta voie ;
Soutiens moi ; guide moi ; ne m'abandonne pas ;
Ne souffre plus, Seigneur, que mon pied se fourvoïe.

De tes divines Loix fais moi voir les apas,
Ton amour les dicta, j'en veux faire ma joïe :
Quand mes sens revoltez me livrent cent combats,
Pour deffendre mon cœur que ton bras se deploye.

Tu n'ouvres ton Palais qu'aux seuls victorieux ;
Ce n'est qu'en combatant que l'on ravit les Cieux ;
J'unis pour le forcer mon espoir à ma crainte.

Mon ame avec effort veut s'élever à toi,
D'une vive douleur quand tu la vois atteinte,
Daigne briser sa chaîne, & couronner sa foi.

VER-

VERSET II.

Eripe me de inimicis meis, Domine; ad te confugi doce me facere voluntatem tuam, quia Deus meus es tu.

VERSION.

Delivrez moi, Seigneur, des mains de mes Ennemis; je me jette entre vos bras : enseignez moi à faire vôtre sainté volonté, vous qui êtes mon Dieu.

REFLEXION.

Quand nous invoquons Dieu comme nôtre Pére, il nous protége comme ses Fils; & tant que nous lui serons fidelles, il ne nous laissera jamais succomber.

SONNET.

ARrache moi, Seigneur, des mains de l'injustice,
De ces cruelles mains qui forgerent mes fers;
De mes fiers Ennemis reprime la malice;
Enchaîne leur fureur dans le fond des Enfers.

Ma foiblesse à les suivre a causé mon suplice,
Je péchai lâchement aux yeux de l'Univers :
Je t'invoque, ô mon Dieu ! des bords du précipice;
A qui revient à toi tu tiens tes bras ouverts

Dirige mon esprit, que ta Loi soit mon guide;
Au milieu des dangers rends mon cœur intrepide;
Fais qu'il te soit soumis, & qu'il n'aime que toi.

Ah ! n'es tu pas mon Dieu ! ma Foi, mes sens,
      ta grace,
Me disent que tout autre est indigne de moi;
Quand pourrai-je admirer la beauté de ta face ?

                    VER-

VERSET 12.

Spiritus tuus bonus deducet me in terram rectam: propter Nomen tuum, Domine, vivificabis me in æquitate tua.

VERSION.

Vôtre divin Esprit me guidera dans une terre heureuse; & vôtre Nom, qui m'est sacré, me conduira par les régles de vôtre Justice, Seigneur, pour me donner la vie.

REFLEXION.

L'Esprit que Dieu repand dans nos cœurs nous assure d'une recompense éternelle, & sa justice l'accordera à ceux qui revereront son saint Nom.

SONNET.

DE ton divin Esprit l'ardente charité
Embrasera mon cœur, & brisera ma chaîne,
Pour me mettre aux sentiers de la félicité;
Son feu me soutiendra si je manque d'haleine.

Il repandra les eaux de sa fecondité
Pour étancher ma soif, & soulager ma peine:
La fin de mes travaux, c'est ton Eternité,
Qui nous ouvre une lice où la palme est certaine.

Ton Nom, ton sacré Nom, redouble mon ardeur;
Au milieu des perils lui seul me rend vainqueur;
Ton bras est mon apui, mes armes, & ma force.

Ta solide équité me rendra glorieux:
Avec mes passions je veux faire divorce,
Je veux tout mépriser, pour régner dans les Cieux.

VER-

VERSET 13.

Educes de tribulatione animam meam ; & in misericordia tua disperdes inimicos meos.

VERSION.

Delivrez mon ame de ses afflictions ; & en me faisant ressentir les effets de vôtre misericorde, confondez mes Ennemis.

REFLEXION.

Nos souffrances font le salut de nos ames, & la perte de nos Ennemis.

SONNET.

TA voix dissipera cette horrible tempête,
Ces foudroyans éclairs, ces carreaux ména-
çans
Que mon iniquité condança sur ma tête :
Ton amour fera grace à mes gemissemens.

Entens mes tristes cris ; écoute ma requête ;
Tu me vois opprimer par de cruels Tyrans ;
Je céde à leur effort ; que ta main les arrête,
Reprime leur fureur par des coups éclatans.

Fais cesser par pitié le trouble de mon ame ;
Perds jusqu'au souvenir de mon ingrate flame ;
Accorde moi la paix après tant de combats.

Alors mes Ennemis tes affreuses victimes,
Seront tous écrasez par l'effort de ton bras,
Et la mort dans leur sang étouffera leurs crimes.

H 3

VER-

VERSET 14.

Et perdes omnes qui tribulant animam meam quoniam ego servus tuus sum.

VERSION.

Perdez tous ceux qui affligent mon ame, puisque je suis vôtre Serviteur.

REFLEXION.

Si Dieu permet qu'on afflige ses Serviteurs pour en faire l'épreuve, il ne permet jamais qu'ils soient confondus : à lui seul apartient la vangeance, & il la prendra avec éclat.

REFLEXION.

Ton bras victorieux par cent coups redoublez
Me vangera, grand Dieu! de leur haine odieuse:
Oui ces fiers Ennemis sous tes feux accablez
Detesteront l'horreur de leur fin malheureuse.

Leur fureur est à bout, leurs crimes sont comblez;
Rien ne peut reprimer leur rage furieuse :
Au bruit de leurs complots tous mes sens sont troublez :
Laisserois tu, Seigneur, ta verge infructueuse?

J'éprouve leur courroux ; qu'ils éprouvent tes traits ;
Renverse ces Tyrans ; mets fin à leurs forfaits ;
Decoche dans leur cœur ta fléche devorante.

Ils connoîtront trop tard que je suis sous ta main,
Quand tu veilles sur moi que rien ne m'épouvante,
Et que ton Serviteur dort tranquile en ton sein.

ER-

ERRATA.

DANS LA PREFACE.

DAns le 7. Sonnet 10. Vers tout. *lifez*, d'un bout à l'autre bout. Page 19. *ligne* 34. faveur : *lifez* & la fureur. Page 21. *ligne* premiére, es, *lifez*, Ses Miniftres. Page 22. *ligne* 8. qui le, *lifez*, qui la faifoit. Page 23. *ligne* 4. paitence. *lifez*, patience. Page 26. *ligne* 3. Gelui, *lifez* Celui que Dieu. Page 29. *ligne* premiére, nous. *lifez*, retomboient fur vous. Idem *ligne* 35. Sequefters. *lifez* fequefter.

PARAPHRASE.

PAge 14. Vers 10. j'embrafe, *lifez* j'embraffe. Page 25. *ligne* premiére, Pfeaume XXXIX. *lifez* XXXVIII. Page 40 *ligne* 2. fpravi. *lifez* fperavi. Page 60. *ligne* derniére in, *lifez* en fait fête. Page 80. *ligne* 22. Non. *lifez* ton Nom victorieux. Page 16 vigilence, *lifez* l'œil de fa vigilance. Page 92. *ligne* 17. Zephirs, *lifez* où brillent les Saphirs.

Catalogue de quelques Livres qui fe trouvent dans la boutique de A. CORDEY, *à la Haye.*

L'Or-

L'Ortie, Traité de la Ste. Cene.
L'Ecole du Sage, par Mr. Chevrau.
Manuel, ou Méditations devotes.
Jaquelot, de l'Exiſtence de Dieu. 4.
- - - - - - Conformité de la Foi avec la raiſon. 8.
Du Moulin, de la Paix de l'Ame.
- - - - - du Juge des Controverſes
De Joncourt, Lettres contre les Jeux de hazard, 8.
Charron, de la Sageſſe, 12.
Pratique de Piété, 8.
Le Philoſophe Chrêtien, 4.
Taffin, Etat de l'Egliſe.
Sermons de Saurin. 8. 2. vol.
- - - - - - Baſnage. 8. 2. vol.
- - - - - - Superville. 8. 3. vol.
- - - - - - de Daillé.
- - - - - - de Morus.
- - - - - - de Tilotſon. 8. 3. vol.
Voyages de Dampierre.
- - - - - de Schouten 2. vol. 8.
- - - - - de la Hontan, 3 vol. 8.
- - - - - de Tavernier, 3. vol. 8.
- - - - - de Chardin 10 vol. 8.
Oeuvres de Boilleau des Preaux. 2 vol. 8.
- - - - - - de Rouſſeau, 3 vol. 8.
- - - - - - de Rabelais 6. vol. 8.
- - - - - - de Molliére 4. vol. 12.
Memoires de Brantome. 2. vol.
Ambaſſades de Brantome. 2. vol.
Mémoires de Md. du Noyer. 5. vol.
Lettres Galantes de Md. du Noyer. 6. vol.
Oeuvres Mêlées de Md. du Noyer.